Franz Heitmüller

Hamburgische Dramatiker zur Zeit Gottscheds

Franz Heitmüller

Hamburgische Dramatiker zur Zeit Gottscheds

ISBN/EAN: 9783743374881

Hergestellt in Europa, USA, Kanada, Australien, Japan

Cover: Foto ©ninafisch / pixelio.de

Manufactured and distributed by brebook publishing software (www.brebook.com)

Franz Heitmüller

Hamburgische Dramatiker zur Zeit Gottscheds

Hamburgische Dramatiker

zur Zeit Gottscheds

und ihre Beziehungen zu ihm.

Ein Beitrag
zur Geschichte des Theaters und Dramas im 18. Jahrhundert.

Inaugural-Dissertation

zur

Erlangung der Doktorwürde

der

philosophischen Fakultät der Universität Jena

vorgelegt von

Ferdinand Heitmüller.

Wandsbeck.
Fr. Puvogels Buchdruckerei.
1890.

Herrn

Prof. Dr. Rudolf Eucken,

Hofrat zu Jena,

in dankbarster Verehrung.

Inhalt.

Einleitung.   Seite

Hamburgische Journalistik. — Litt. Vereinigungen, Schauspieler
und Dichter. — Hamburgischer Kunstcharakter   2

1. Behrmann.

Behrmanns Eltern. — Amsterdamer Bote. — Aufenthalt in
Aachen. — Deutsche Gesellschaft in Göttingen. — Tod   5
Behrmann und die Neuber. — Hamburg und Gottsched   10
„Die Horazier." — Corneilles „Horace." — Anlage des Behrmannschen Stücks. — Behrmanns Sprache. — Ein Urteil Gott-
scheds und erste Aufführungen. — Drei Fassungen. — Buch-
ausgabe. — Auswärtige Aufführungen   12
„Timoleon." — Gottscheds Verhalten und Urteil. — Erste Auf-
führung und Dankrede   20
Die Neuber. — Der Harlekin. — Sonstiges Repertoir. — „Die
asiatische Banise."   23
Die Schröder. Wiederholungen des „Timoleon." — Spätere Aufführungen, Absetzung vom Repertoir   27
Inhalt und Tendenz des „Timoleon." — Charakteristik. — Bodmer
über Behrmann   29
Trauerfeier in Hamburg; der englische Geschmack 32
„Zweydeutigkeit des Wortes Handlung." — Hamburgische Gedicht-
sammlung   33

2. Stüven.

Stüvens Eltern. — Übersiedelung nach Bayreuth und Braunschweig 35
Stüvens Übersetzungen. — Die verschiedenen Drucke. — Wiener
Schaubühne. — Beurteilung. — Aufführungen durch die Neuber   37
Der „Essex", eine Lieblingsrolle Schönemanns. — Lessing über den
„Essex." — Besetzung in Wien   41
Vergleichung mit dem Original. — Weitere Proben. — Präsens
und Präteritum. — Änderungen durch Stüven. — Änderungen
der Wiener Schaubühne   44
Lamprecht giebt Stüvens Alzire-Übersetzung heraus. — Bodmer.
Beurteilung   49
Vergleich mit der „Alzire" der Frau Gottsched. — Joh. Friedr.
Kopps „Alzire." — Gottscheds Chronologie der drei Alziren   51

	Seite
Erste Aufführung der Stüvenschen „Alzire" in Hamburg. — Gründe für den Bruch Gottscheds mit der Neuber. — Vorgehen der Neuber in Petersburg	54
Schönemann führt die Gottschedische „Alzire" auf. — Darstellungen der Stüvenschen „Alzire" durch Schönemann. — Späte Wiederholungen der Gottschedischen Übertragung	57

3. Borkenstein und das Lokalstück.

Allgemeines. — Gottscheds Verhältnis zur Komödie. — Ein Lustspiel der Frau Gottsched aus den dreißiger Jahren. — Die Einführung Holbergs durch Detharding	60
Hamburger Lustspielverhältnisse im Jahre 1740. — Ein Repertoir	64
Lokale Vorbedingungen für den „Bookesbeutel"	66
Borkensteins Leben	67
Alte hamburgische Hochzeitsgedichte. — Etymologie des Namens. — Uhlich über den Titel. — „Die Matrone"	68
Analyse des Stückes. — Borkensteins Verhältnis zu Holberg	72
Die Fassung von 1747. — Die anderen Drucke. Erste Aufführung. — Letzte Darstellungen. — Auswärtige Aufführungen	74
Holländische Komödianten ebnen dem plattdeutschen Lokalstück den Weg	78
„Der Bookesbeutel", eine Reform des Theaters. — Urteile außerhalb Hamburgs. — Eine Kritik aus dem Jahre 1748	79
„Rothbarts Verlöbniß"	82
„Der Misch-Masch." — Zeitgenössische Belege für die Entstehung des Begriffes. — Darstellungen durch die Schröderfche Truppe. — Der Zettel der ersten Aufführung	83
Adam Gottfried Uhlich	87
„Der Schlendrian." — Inhalt und Gang der Handlung. — Beurteilung	88
Andere Nachahmungen	91
„Der Ehestand", 1706 aus dem Holländischen übersetzt. — Die für Hamburg lokalisierte Bearbeitung von 1747. — Aufführungen durch die Neuber und die Holländer in Hamburg	92
„Der Frager, oder die Thorheit der Liebe." — Abhängigkeit von Borkenstein und Uhlich	95
„Der Jungfernstieg"	97
„Der Kaufmann ein Menschenfreund"	98
Beilagen	100

Als im Jahre 1728 die Neuberin mit ihrer Gesellschaft nach Hamburg kam, war die Oper nach einem beispiellosen Glanze schon im Abblühen begriffen. Der Ratsherr Gerhard Schott, welcher unter Beihülfe seiner Freunde mit reichen Mitteln und kunstverständigem Sinn im Jahre 1678 das Hamburger Opernhaus an der Ostseite des Gänsemarktes errichten und mit der ersten Oper „Adam und Eva", wie sie Matthesou nennt, eröffnen ließ, war schon 1702 gestorben. Freilich hat die Oper bis hoch in die Mitte der dreißiger Jahre noch immer weit mehr im Vordergrunde des öffentlichen Interesses gestanden als das Drama. So werden z. B. im „Hamburger Reichspostillon" noch 1735 neue Opern und Oratorien, ja sogar eine neugewonnene italienische Sängerin Mad. Maria Monza (für die Oper „Julius Cäsar") mit vielem Prunk angekündigt, aber mit keiner Silbe zweier Schauspiele gedacht, welche damals in Hamburg viel Aufsehen machten und mit denen wir uns sogleich näher beschäftigen wollen.

Hamburg war von jeher eine besonders schaulustige Stadt gewesen und geblieben, denn der dreißigjährige Krieg war hier — wie an keiner andern Stadt Deutschlands — vorübergegangen, ohne Spuren des Elends zu hinterlassen, und während überall in den verarmten Gauen und Städten das frische Leben stockte und Handel und Wandel nur langsam sich wieder erholten, war die alte Hansestadt in Reichtum und Wohlleben mächtig emporgeblüht, und Männer wie Johann Rist[1] und Philipp von Zesen sorgten für

---

[1] Vgl. Dr. Johannes Dräseke, „Johann Rist als Kaiserlicher Hof- und Pfalzgraf" (Wandsbecker Gymnasialprogramm, 1890, Nr. 282).

ihren litterarischen Ruhm. Nur so ist es zu erklären, daß eine Stadt wie Hamburg, welche doch vorwiegend praktischen Interessen nachging und dabei allerdings der einzige Ort in Deutschland war, der im Anfang des 18. Jahrhunderts für eine Weltstadt gelten konnte, schon so früh anfing, neben dem wirklichen ein so reges Leben auf den Brettern zu führen. Bekannt ist, daß Hamburg im 18. Jahrhundert der Wohnsitz einer großen Reihe geistig hervorragender Männer war. Hier entwickelte sich früh eine glänzende Journalistik.[2] Unter dem Einfluß des englischen Spectator war 1724 die bedeutendste moralische Wochenschrift, der „Patriot" entstanden, der nach vier Jahren schon 24 Gegen-, 11 Fürschriften und 30 „Patriotische Nachfolger" hervorgerufen hatte.[3] Daneben schossen eine Menge politisch-gelehrter Zeitungen wie Pilze aus der Erde hervor. Die bedeutendste, „Der Hamburgische Unpartheyische Correspondent", wurde in dieser Zeit in Schiffbeck (bei Hamburg) gegründet. In den dreißiger Jahren folgten „Der Relations-Courier", „Priviligierte Hamb. Anzeigen", die „Heussische Zeitung" („Relation aus dem Parnasso"), der „Hamburger Reichspostillon", später das „Hamburger Reichsposthorn", ferner Blätter, wie die „Niedersächsischen neuen Zeitungen von gelehrten Sachen" (Hamburg, 1729—1730), und viele andere lassen sich auf kürzere oder längere Zeit in dem kauf- und leselustigen Hamburg nachweisen.

Gleich in den ersten Jahren des 18. Jahrhunderts war in Hamburg eine litterarische Vereinigung, die „Teutsch-übende

---

[2] Berth. Litzmann, Chr. Ludw. Liscow in seiner litterarischen Laufbahn (Hamburg und Leipzig, 1883), S. 106 u. 107.

[3] Vgl. hierüber: Hamburgische Auszüge aus neuen Büchern. Zweyter Theil. Hamburg, 1728. — Ferner: Prof. Dr. Karl Jacoby, die ersten moral. Wochenschriften Hamburgs am Anfange des achtzehnten Jahrh. (Progr. des Wilh.-Gymn. zu Hamburg, 1888. Nr. 687), S. 41—48, der etwa fünfzig Schriften für und gegen den Patrioten und weitere acht und neunzig moral. Zeitschriften, die im 18. Jahrh. in Hamburg erschienen, namentlich aufzählt.

Gesellschaft"[4] entstanden, welche vorzüglich die Bearbeitung der deutschen Sprache und Litteratur im Auge hatte und deren Mitglieder die Angesehensten des Staates waren. Als sich die „Leipziger deutsche Gesellschaft" bildete, scheint die hamburgische für ihre Konstitution und Gesetzgebung von besonders anregendem Einfluß gewesen zu sein. Im Jahre 1724 verbanden sich die letzten Mitglieder derselben in Hamburg aufs neue zu der sog. „Patriotischen Gesellschaft"[5] und gaben von jetzt an eine moralisch-satirische Wochenschrift, den schon erwähnten „Patriot" heraus, für welchen Chr. Widow, Brockes, Ch. F. Weichmann, Mich. Richey u. a., anfänglich anonym, schriftstellerisch thätig waren.

Auch Hamburgs Schauspieler haben Hervorragendes geleistet. Schon unter dem Nachfolger der Neuber, Schönemann, der 1741 zuerst in Hamburg spielte, bildeten sich Schauspieler, wie Ackermann und Ekhof aus, welche bestimmt waren, auch auf diesem Felde Hamburgs Ruhm weit über seine Grenzen hinauszutragen.

Nicht so bekannt wie diese sind seine Dichter. Wenn man von den Dichtern Hamburgs im vorigen Jahrhundert spricht, so gedenkt man meistens wohl Brockes', Hagedorns, Klopstocks, aber vergißt fast ganz, daß zu der Zeit, als Gottsched in Leipzig als Haupt einer Dichterschule allmächtig war, auch in Hamburg eine Anzahl Dramatiker lebten, welche einen geachteten Namen trugen und in dem zeitgenössischen Schrifttum einen hervorragenden Platz inne hatten. Es soll in diesen Blättern versucht werden, einige derselben einer zum Teil unverdienten Vergessenheit zu entreißen und namentlich die Stellung aufzudecken, welche sie zu dem allgewaltigen Gottsched inne hatten.

---

[4] Vgl. auch Th. W. Danzel, Gottsched und seine Zeit (2. Ausgb., Leipzig, 1885), S. 80 u. 81.

[5] Verein für hamb. Geschichte II, XXXV, S. 533 ff.

Wie von selbst scheiden sich diese Männer auf den ersten Blick in zwei Hauptgruppen, nämlich einmal in solche, welche die Gesetze, die der Leipziger Diktator der deutschen Litteratur vorschrieb, anerkannten, und sodann in solche, welche mehr oder weniger eigene Wege zu gehen ver suchten. Wenigstens wird sich zeigen, wie einige dieser Dichter bestrebt waren, ihren Tragödien und Komödien, die, äußerlich betrachtet, allerdings im Geiste der Gottschedschen Reformbestrebungen verfaßt schienen, ein eigentümlich hamburgisch-republikanisches Gepräge aufzudrücken. In diesem Sinne darf man diesen Männern eine gewisse Individualität nicht absprechen. Sie alle sind freilich keine Geister ersten Ranges; und wenn auch keines ihrer Werke sich bis auf den heutigen Tag lebendig erhalten hat, und es mehr als müßig ist, für die Aufführbarkeit einiger derselben in unserer Zeit in die Schranken zu treten[6], so ist es doch für den Litterarhistoriker von hohem Reiz, einen Einblick in den Geisterkampf jener Tage zu gewinnen, die Irrtümer jener Männer aufzudecken, aber auch dankbar das anzuerkennen, was sie mittelbar doch Gutes jenen Größeren geleistet haben, welche nach ihnen kamen und unsere Litteratur einer großen Blüte entgegenführten. —

1. Behrmann.

Als Gottsched in der Neuberin, welche sich durch die bekannte Abschiedsrede in Hamburg unmöglich gemacht hatte, im Jahre 1740 die einflußreichste Vertreterin seiner reformatorischen Grundsätze in Hamburg verloren hatte, erschien im December des nächsten Jahres ein sog. „regelmäßiges" Trauerspiel: „Timoleon".
Der Verfasser Friedrich Georg Behrmann[7] war am 12. Februar 1704 in einer Patrizierfamilie geboren. Er war ein

---

[6] Feodor Wehl, Hamburgs Litteraturleben im achtzehnten Jahrhundert (Leipzig, Brockhaus. 1856), S. 59.
[7] 1704—1756.

Sohn des Oberalten Johann B. († 1744) und ein Bruder des Senators Peter B. Seine Mutter ist eine Adlige, Frau Ilsabe, geborene von Lengerke, deren Namen wir aus einer im Hbg. unp. Correspondenten[8] bei Gelegenheit ihres Todes abgedruckten Ode kennen, „worinnen das Herz und die Empfindung des Dichters mit einer genauen Beobachtung der Reinlichkeit der deutschen Sprache reden." Wir erfahren daraus, daß die Tote das würdige Haupt einer großen blühenden Familie war, deren Gottesfurcht und werkthätige Nächstenliebe allgemein verehrt wurden, Eigenschaften, von denen ein gutes Teil, wie wir sehen werden, auf den Sohn übergingen. Die leicht und melodisch dahinfließenden Verse[9] dieser Ode schildern das enge Verhältnis des Dichters zu seiner Mutter. Wie sehr damals Behrmann und infolgedessen auch die Mutter im Mittelpunkt des öffentlichen Interesses stand, bezeugt ein paar Wochen später eine Notiz in demselben Blatte[10]. „Das hiesige Publikum" — heißt es da — „hat darinn (in der Ode) den wahren Charakter einer Frau erkannt, welche als eine Christin alle ihre Pflichten ohne stolze Einbildung erfüllet, und bey ihren zeit-

---

[8] 1754, 15. Jan. (Nr. 9).

[9] Von den dreizehn Strophen teile ich die 1. und 6. mit. Sie lauten:

    1. Nun ist sie dort, den Herrn zu schauen,
    Die so Gesegnete der Frauen,
    Die Frau so reich an Fruchtbarkeit,
    Das Weib von redlichem Gemüthe,
    Die Freundliche bey Ernst und Güte,
    Die seltne Mutter unsrer Zeit.

    6. Nein, Du kannst meiner nicht vergessen;
    Du hast zu sehr mein Wohl ermessen,
    Du liebtest mich zu mütterlich.
    Im Geiste will ich Dich umfassen,
    Dich nie aus meinem Herzen lassen.
    Ich laß Dich nicht, Du segnest mich!

[10] Hbg. unp. Corresp. 1754, 6. Febr. (Nr. 22).

lichen Glücksgütern ein Muster der Demuth bewiesen hat. Diese allgemeine Achtung hat den Sohn aufs neue gerühret, und er bezeiget dem Publiko seine Empfindung und Danksagung für die seiner seligen Mutter geweihten Thränen, in folgenden Gedanken." Das Lied ist religiöser Natur, aber bei weitem nicht so ergreifend.

Behrmann hatte die Hamburger Gelehrtenschule besucht, sich dann — neben autodidaktischen Studien — der Familienüberlieferung getreu, dem Kaufmannsstande gewidmet und war Mitglied mehrerer städtischer Ausschüsse geworden. „Er hatte die einträgliche Bedienung eines Amsterdammer Bothen"[11], erzählt Schütze[12], „die seiner Neigung sich den Musen zu vertrauen, Muße übrig ließ", und Hagedorn[13] schreibt am 3. Juli 1742 an Bodmer: „Was den hamburgischen Parnaß anbetrifft, so wird sich Herr Behrmann ein Vergnügen machen, wenn Sie seinen Timoleon zu lesen und

[11] Über die Funktionen eines Amsterdamer Boten ist mir folgendes bekannt. Im Laufe des 15. Jahrhunderts hatte sich in Hamburg und anderen deutschen Seestädten ein regelmäßiges, auch nach entfernteren Orten abgehendes Botenwesen entwickelt. Die ältesten Boten dieser Art waren die „nach Westen" (d. h. nach Amsterdam, Antwerpen u. s. w.) und sie betrifft auch die erste von den Älterleuten der Flander-, Englands- und Schonen-Fahrer-Gesellschaften entworfene und 1580 vom Rate sanktionierte gesetzliche Ordnung: Ordnung dorch de Olderlüde des gemeinen Koepmanns, mit Bewilligung Eines Ehrbaren Rahdes gestellet, woe idt mit den geschwornen Baeden, do na Westen reisen, künftig schall geholden werden (Klefeker, Th. 12, S. 583 u. 584, giebt einen Auszug daraus). Allmählich, als das Botenwesen sich ausdehnte, übernahmen die Älterleute jener Gesellschaften die Postversendungen und stellten amsterdamer, lübsche, pommersche, embder und lüneburger Boten an, welche sich im Laufe der Zeit zu Postverwaltern entwickelten (Zeitschr. d. Ver. f. hamb. Gesch. I, S. 248; N. A. Westphalen, Hamburgs Verfassung und Verwaltung (Hamburg, 1841) II, S. 129 ff.). — Behrmann hatte sein Amt seit dem 25. Octbr. 1735 inne (Hbg. Schriftsteller-Lexikon I, S. 205).

[12] Hamb. Theatergeschichte, S. 221 ff.

[13] Fr. v. Hagedorns Poetische Werke, her. von Eschenburg (Hamburg, bei Bohn, 1800), V. Theil, S. 85 und 86.

zu beurtheilen, oder an ihn zu schreiben belieben. Er ist ein vernünftiger Kaufmann, der Geschmack, Zeit und Vermögen besitzt, um der Dichtkunst obzuliegen, und alle billige Kritiken seiner Gedichte mit aufrichtigem Danke erkennt." Rudolf Wedekind in Göttingen führt zum Beweise dafür, „daß es möglich sey, Kinder von Jugend auf zu den Wissenschaften und zur Kaufmannschaft zugleich anzuführen, und daß diese beiden Dinge sich hernach unvergleichlich die Hand bieten," auch den „gelehrten und witzigen Behrmann in Hamburg" auf.[14] — Den Sommer des Jahres 1749 verbringt er mit seiner kranken Frau[15] in Aachen. Er schildert seinen dortigen Aufenthalt in einem Briefe[16] an Hagedorn. Dem wohlhabenden und feingebildeten Hamburger Kaufherrn behagt Aachen wenig. „Aufrichtig zu gestehen", heißt es an einer Stelle, „wie mir Achen gefällt, muß ich sagen, daß man darinnen sich wenig Vergnügen machen ckan. Die Gegenden sind schön, aber unfruchtbar. Die Flüße und Teiche fehlen. Lebendige Fische sind überaus rar, und die wenigen Früchte die man siehet, sind nur cklein, von der allerschlechtesten Sorte und Ueberaus theuer. Die Einwohner sind recht Catholisch einfältig, haben nicht die geringste Lebensart, sind grob und eigennützig, sinnen auf nichts als Geld zu gewinnen, schätzen cheinen Gelehrten hoch und wißen kaum, daß es schöne Wissenschaften giebt." Litterarische Bemerkungen enthält der Brief keine, doch ist eine Notiz darin deshalb von Interesse, weil sie Licht verbreiten hilft über die geselligen Freuden, welchen die Freunde im Hause des Anakreontikers

---

[14] Schreiben an Tit. Herrn Johann Christian Cuno zu Amsterdam: Worin von dem gegenwärtigen Zustande der Königlichen Deutschen Gesellschaft zu Göttingen, fernere Nachricht ertheilet wird (Göttingen, 1749), S. 12.

[15] Von seiner Frau Margaretha Gull, welche er am 3. April 1731 heiratete, wissen wir nicht viel Näheres; ihre Ehe war mit einer Reihe Kinder gesegnet.

[16] Brief vom 17. Juli 1749. Bisher ungedruckt, Sammlung Lappenberg, jetzt im Besitze des Herrn Prof. Dr. B. Litzmann in Jena.

Hagedorn nachgingen. Dieser hatte den enthaltsamen Behrmann oft damit geneckt, daß er „zu wenig trinke." Jetzt, da er „unter den Brunnen und Badengästen lebet, ohne selbst die Cur zu gebrauchen", schreibt er an den Hamburger Freund nicht ohne Humor: „Ew. Hochedelgeb. strafen mich immer, daß ich zu wenig trinke; allein ich hoffe die Ehre zu haben, Ihnen bey meiner Zuhauseckunft zu zeigen, was ich für ein Bachus Bruder geworden bin. Ich kann schon ganze Pumpers auf die Gesundheit unserer abwesenden Freunde in einem Zuge ausleeren, und werde in dieser Wißenschaft noch mehr zunehmen, weil unser Medicus, Hr. Dr. Gartzweiler zu gütig ist, uns zu erlauben, schon an unsere Abreise zu gedenken." In die Vaterstadt zurückgekehrt, ward er am 5. November 1749 Ehrenmitglied der Königlichen Großbrittannischen Deutschen Gesellschaft zu Göttingen [17], der er „aus Ergebenheit" zwei Jahre später sein schon 1735 von der Neuberin aufgeführtes, aber bis dahin ungedrucktes Trauerspiel „Die Horazier" zueignete. In der über diese Aufnahme ausgefertigten Urkunde heißt es, „daß seine ansehnliche Vorzüge und Verdienste nicht allein in Erkenntniß der bey einem aufgeklärten Geiste nothwendig damit verbundenen Wissenschaften überhaupt, sondern auch besonders diejenigen, welche Richtigkeit, Reinigkeit und Schönheit der deutschen Sprache und Dichtkunst betreffen, in der Gesellschaft so viele Hochachtung erwecket, daß sie nach so würdigen und schönen Proben einer männlichen Beredsamkeit und Dichtkunst, die er der gelehrten und witzigen Welt geliefert, denselben zu einem Ehrenmitglied aufgenommen."

Schon lange vorher, im Jahre 1737, hatte der Freund [18] Behrmanns, Hagedorn, der neidlosen Anerkennung seiner Ver-

---

[17] Gel. Ngk. 1749, 19. Stück.

[18] Eschenburg (Hagedorn, IV) äußert sich über diese Freundschaft und nennt Behrmann einen der „vorzüglichsten" Freunde Hagedorns in Hamburg, der in der Wahl seiner vertrauteren Freunde (Carpser, Brockes, der jüngere Liscow, Zink) und Umgangs nicht minder behutsam als glücklich gewesen sei.

dienste um die Bühne in einer Fabel „Apollo und Minerva. An den Verfasser der Trauerspiele: Die Horatier und Timoleon" öffentlich Ausdruck gegeben und seinen „Witz und Geschmack" vor der Schar der anderen Theaterdichter gerühmt.[19] Im Eingang heißt es:

> „Mein Behrmann, den Geschmack und Witz und Redlichkeit
> Von niederträchtgem Wahn entfernet,
> Den auch ein innrer Reichthum körnet,
> Der weder Wind noch Fluthen scheut,
> Ermüde nicht, in lehrenden Gedichten
> Die deutschen Musen zu erfreun.
> Der Dünkel meistre Dich; es mag die Thorheit richten;
> Nicht aber Dich mit Witz und Kunst entzweyn.
> Der Einfalt lächerliches Lachen
> Muß Deine Seele nicht klein, träg' und irdisch machen.
> Sey stets der Wahrheit hold, (sie nutzt vor tausend Sachen)
> Und schäme Dich nicht, klug zu seyn.
> Die Fabel, die ich jetzt Dich lehre,
> Zeigt unsers Pöbels Ekel an;
> Und dennoch bleibt es wahr: Ein reicher, weiser Mann
> Ist zwiefach seiner Eltern Ehre."

Über Behrmanns Todesjahr herrscht in den einschlägigen Werken — die eigentlichen Litteraturgeschichten erwähnen seinen Namen nicht — noch immer eine große Ungenauigkeit. Meusel giebt ein falsches Jahr an: 28. November 1757; Schröder im Hamburger Schriftstellerlexikon einen falschen Tag: 12. November 1756, wobei er noch bemerkt, daß das „gewöhnlich angegebene" Datum seines Todes, 28. November 1757, falsch sei; Goedeke[20] nennt sowohl das Jahr als den Tag falsch: 8. November 1757.

Behrmann ist am 28. November 1756 gestorben, zwei Jahre nach dem Tode seiner Mutter, also nur 52 Jahre alt ge-

---

[19] Eschenburg, Hagedorns Poet. Werke II. Theil, S. 98.
[20] Goedeke, Grundriß (2. Aufl., 1887.) III, S. 374.

worden. Dieses Datum giebt auch der Hbg. unp. Correspondent[21] an. In jenem Nekrolog heißt es u. a.: „Seine Geschicklichkeit in der tragischen Dichtkunst ist Auswärtigen mit vielem Beyfalle bekannt, da er dem Deutschen Theater Original-Stücke geliefert hat, und wir sind Zeugen seiner persönlichen Verdienste gewesen." — Bei diesen seinen „persönlichen Verdiensten" handelt es sich — abgesehen von denen, die er als gebildeter und unternehmender Bürger um den hamburgischen Staat sich erwarb — für uns vorzüglich um die materiellen Opfer, welche er der Frau Neuber brachte, als sie 1733 mit ihrer Truppe nach Hamburg kam. „Er nahm sich der Neuberin", berichtete u. v. a. auch Schütze[22], „und ihrer Bühne mit patriotischem Eifer an, unterstützte sie oft in Geldverlegenheiten, und zeigte sich überall als ächter Mäcen der Schauspielkunst." Auch 1739, als ihr Rivale Johann Karl Eckenberg[23], der sog. „starcke Mann", sie an den Rand des Abgrunds brachte, blieb Behrmann ihr treu, aber seine „und weniger Freunde Unterstützung war nicht ausreichend" (Schütze a. a. O., S. 238). Doch er hatte mehr gethan, schon früher hatte er ihr Besseres gegeben als Geld. Als sie — nicht abgeschreckt durch das erste Mißglücken ihres Unternehmens — im April 1733 „mit noch einem und zwar braunschweigischen Privilegium begabt"[24] in

[21] 1756, Nr. 192.
[22] Hbg. Theatergeschichte, S. 221, und ebenso K. Lebrün, Jahrbuch (Hamburg und Leipzig, 1846) I, S. 73.
[23] Joh. Bolte in den „Forschungen zur Brandenburgischen und Preußischen Geschichte" II. 2, S. 216 erwähnt nur im Vorübergehen diesen Hamburger Aufenthalt und setzt ihn in den October, was ungenau ist. Er hat vom 14. October bis zum 13. Novbr. 1739 hier gespielt. — Litteratur über Eckenberg f. Bolte, S. 211, Anm.
[24] Hbg. Theatergeschichte a. a. O. — Die Neubersche Truppe kündigt sich auf dem Zettel vom 5. Juni 1733 folgendermaßen an: „Ihre Königl. Hoheit und Chur-Fürstl. Durchl. zu Sachsen, auch Ihr Hochfürstl. Durchl. zu Braunschw. Lüneb. Wolfenb. Hof-Comödianten." — Vgl. auch Crit. Beytr. (Leipzig, 1740) 23, S. 522 ff.

Hamburg wieder eintraf und die „Bude" in der Neustädter Fuhlentwiete bezog, vertraute ihr Behrmann das Manuskript [25] seiner
„Horazier" zur Aufführung an. Seitdem sie 1727 in Leipzig mit Gottsched bekannt
geworden und von ihm überredet war, womöglich nur Stücke
im französischen Geschmack aufzuführen, hatte sie mit ihrer
Wandertruppe diese Geschmacksrichtung über ganz Deutschland
ausgebreitet; nur in Hamburg, wo die Gottsched so verhaßte
Oper so warm im Herzen der Bevölkerung saß, hatte sie bisher
nicht recht Fuß zu fassen vermocht, wie denn überhaupt in Hamburg
Gottscheds Einfluß immer ein mehr oder weniger beschränkter
geblieben ist. Man verhielt sich hier um so eher ablehnend
gegen alles Fremde, weil man in stolzer Genugthuung sich bewußt
war, wie von Hamburg aus schon zu Ende des 17. und Anfang
des gegenwärtigen Jahrhunderts eine starke und selbstständige
Wirkung auf die Litteratur ausgegangen sei. Hagedorn stand recht
eigentlich als Mittelpunkt des Hamburger Dichterkreises in Ansehen. Abgesehen davon, daß Gottsched 1740 die Neuber verliert,
erleidet sein Ansehen in Hamburg ein paar Jahre später abermals
eine starke Erschütterung; der Hbg. unp. Correspondent nämlich,
dessen Verfasser der Artikel „Von gelehrten Sachen" Liscow
und Hamann mit Gottsched noch in Briefwechsel gestanden
hatten, tritt von 1744 oder 1745 ab offen auf die Seite der
Schweizer und mit diesen zuerst gegen Gottsched und die Leipziger
auf.[26] Am 11. Januar 1744 hatte er sich im allgemeinen gegen
die Leipzig-Zürichsche Fehde erklärt, aber schon am 2. Juni
wettert er gegen Gottsched im besonderen. Freilich, in einzelnen
Männern Hamburgs ist sein Einfluß doch lebendig geworden und
geblieben, ja, er hatte sogar die große Genugthuung, einen fanatischen

---

[25] Schütze a. a. O.
[26] Danzel a. a. O., S. 119.

Gegner seiner Lehren, Hudemann, in einen begeisterten Anhänger sich wandeln zu sehen. Sein bedeutendster Nachahmer aber ist Behrmann, der den Meister in Leipzig um Haupteslänge überragt und seinen poetischen Ruhm verdunkelt, wenngleich auch er von jeder persönlichen Annäherung geflissentlich sich fern hält. — Während in den dreißiger Jahren ein eifriges Heer von Gottschedianern sich mit Übersetzungen und Bearbeitungen französischer Originale begnügte, hatte Behrmann als einer der ersten [27] in aller Stille den Versuch gewagt, ein deutsches Stück, ein Originalstück zu schreiben — „Die Horazier", welche am 5. Juni 1733 (Goedeke giebt irrtümlich 1735 an) zuerst aufgeführt [28] wurden und lauten Beifall fanden. „Als das Stück zuerst gegeben wurde", berichtet Schütze a. a. O., „machte es als einheimisches Produkt und mit Hülfe des von der Neuberin und ihren Schauspielern auf die Vorstellung gewandten Fleißes Aufsehen, und ward oft wiederhohlt." Der Beifall ist nicht allein darauf zu setzen, daß der Dichter ein Hamburger war. Zwar dürfen wir über dieses Erstlingswerk um so weniger abschließend urteilen, als die erste Fassung, die Manuskript geblieben, uns verloren und nur der Komödienzettel der ersten Aufführung erhalten ist. Als Behrmann aber 1751 „Die Horazier" [29] herausgab, waren sie ein neues Stück geworden, das mit der Fassung von 1733 und mit der 1747 von Schönemann gespielten so gut wie nichts mehr gemein hatte, was sich schon aus einer Vergleichung der Personenverzeichnisse aufs deutlichste erweist. „Clelia, des jungen Horatius Tochter", „Tarquinius, des jungen Horatius vertrauter Freund, in Clelien verliebt" und der „Römische Soldat" fehlen in der Fassung von 1751 ganz, wo-

---

[27] Gottscheds „Sterbender Kato": 1731.
[28] Vgl. über die Jahreszahl der ersten Aufführung die von Behrmann selbst verfaßte und den Horaziern vorgedruckte Widmungszuschrift.
[29] Die Horazier. Ein Trauerspiel von Georg Behrmann. Hamburg. Bey Johann Carl Bohn. 1751.

gegen „Seciena, seine Mutter", „Sabina, ihre Tochter, und des jungen Horaz Gemahlinn" und „Ein Albaner", welcher in der 5. Handlung 3. Auftritt dem alten Horaz den Ausgang des Kampfes erzählt, in dieser neu erscheinen. Daß hier mehr als ein einfacher Rollentausch stattgefunden hat und vielmehr das ganze Stück nach Inhalt und Form von Grund auf sich gewandelt hat, bestätigt in der schon erwähnten Widmung an die deutsche Gesellschaft in Göttingen der Verfasser selbst mit den Worten: „Die ganze Einrichtung ist von der vorigen unterschieden, und alle Verse sind darinnen neu." [30]

Das Trauerspiel behandelt den bekannten Heldenkampf zwischen den Horaziern und den Kuriaziern aus Alba, mit welchem Rom sich in einem langwierigen Krieg befindet — ein Vorwurf, den früher schon Corneille dramatisch gestaltet hatte. In der Fassung von 1751, die uns heute vorliegt, ist allerdings der Einfluß dieses französischen Vorbildes nicht zu verkennen. Zwar besteht in der äußeren Anlage der beiden Stücke ein für die dramatische Schürzung des Knotens weitgreifender Unterschied. Corneilles „Horace" [31] setzt schon vor Beginn des Sechskampfes ein, aus dem der junge Horaz siegreich hervorgeht und dann wegen Ermordung seiner Schwester von dem König begnadigt wird. So entstehen bei Corneille zwei Haupthandlungen, welche beide des Zuschauers Teilnahme in gleicher Weise herausfordern, worüber sich der Dichter später selbst tadelnd ausgesprochen hat: „Le second défaut est,

---

[30] Vgl. hierüber auch die versificierte Kritik in der von Adam Gottfried Uhlich 1747 unter ähnlichem Titel gegründeten Zeitschrift: „Poetische Gedanken, von Politischen und Gelehrten Neuigkeiten. Vierter Theil (Hamburg, verlegt durch Rudolph Beneke, 1752). Stück 1, S. 6, wo es u. a. heißt:
„Das ganze Trauerspiel ist durch und durch verbessert,
Die Verse sind nicht die, so jenes Stück enthielt,
Das sonst die Neuberin und Schönemann gespielt."
[31] In der D. Schaubühne unter dem Titel „Die Horazier", übersetzt von F. E. Frhrn. von Glaubitz.

que cette mort fait une action double par le second péril où tombe Horace après être sorti du premier."[32] Dieser Fehler ist bei Behrmann dadurch recht geschickt vermieden, daß bei ihm das in fünf „Handlungen" abgeteilte Stück erst beginnt, „nachdem der Kampf der sechs Helden bereits beschlossen ist", und schon mit der großartigen Verfluchung des siegreichen Rom durch die wütende Schwester des jungen Horaz endet, welche in dem Kampfe ihren Verlobten, den Albaner Curiaz verloren hat. Dadurch ist nun freilich die Gefahr, die Teilnahme für den Helden könne sich spalten, vermieden, aber eine andere war die unausbleibliche Folge davon: der Mangel an Handlung, über den uns auch das höchste Pathos nicht hinwegtäuschen kann. Schon aus diesem Grunde allein ist das Stück für die heutige Bühne unbrauchbar. Behrmanns Diction aber hat mit der damaligen Bühnensprache im allgemeinen kaum mehr als die Form des Alexandriners gemein; sie ist poetisch durch und durch, und das ist wohl das größte Lob, das man einem Dichter jener vielschreibenden, aber dichterarmen Zeit spenden kann, wenn nicht dieses, daß er **deutsch** fühlt und schreibt, ein noch größeres ist. Da, wo der republikanische, und deshalb für Hamburg in besonderem Sinne patriotische Stoff den stolzen und schweren Schritt des Kothurns verträgt, ist Behrmann am größten; er beherrscht eben wie keiner, Joh. E. Schlegel natürlich ausgenommen, in jener frühen Zeit die Sprache; er gefällt sich in Antithesen und Wortspielen und vermeidet gewissenhaft den Apostroph, sodaß seine Verse unzerhackt und in regelmäßiger Melodie dahinfließen. Vaterlandsliebe und Heldenmut, Aufgeben des individuellen Glückes und Vorteils zu Gunsten des Staates sind die Motive, mit denen Behrmann am liebsten arbeitet; und obgleich die Vertreter dieser edelsten Ethik ihre Kraft in nicht enden wollenden Reden und Gegenreden erschöpfen, anstatt zu handeln, so begreifen wir doch,

---

[32] Corneille, Examen d'Horace, S. 389.

daß Auftritte wie der letzte der vierten Handlung[33], wo der junge Horaz vom Vater Abschied nimmt, ihre Wirkung auf ein nicht gerade sehr verwöhntes Publikum nicht verfehlen konnten. Ich gebe diese Verse zugleich als Probe der Behrmannschen Schreibweise wieder.

Sie lauten:

     Horaz, der Sohn.
Dein Muth erfüllt mich schon, und Dein Gebet schützt mich.
Sieg ich, so fällt gewiß mein ganzer Ruhm auf Dich.
Du segnest mich zu schön; Dein Segen muß gedeyen.
Herr, ist Rom zu befreyn, so wollen wirs befreyen.
Gemahlin, weine nicht; der Staat befiehlt, ich muß.
Getrost! vielleicht ist dies nicht unser letzter Kuß.
Laß mich, laß Deinen Freund, laß unser Schicksal walten.
Die Götter werden mich um Rom und Dich erhalten.
Sterb ich, so sterb ich groß; sieg ich, so sieg ich schön.
Es sey Tod oder Sieg, der Kampf soll mich erhöhn.
Lebt wohl! Mir brennt das Herz, dem Staat und euch zu nützen.
     Sabina.
Der Himmel schütze Dich!
     Horaz, der Vater.
  Er wird Verdienste schützen! —

Wir bemerken in diesen Versen die bekannte regelmäßige Abwechselung eines stumpfen Reimpaares mit einem klingenden, eine Regelmäßigkeit, welche sich natürlich durch das ganze Stück mit peinlicher Sorgfalt hindurchzieht. So hebt denn auch der erste Akt mit einem weiblichen Reimpaar an, und das Stück endet mit einem männlichen. Der Schauplatz „in dem Pallaste des Horaz"[34] ändert sich selbstverständlich während des ganzen Stückes nicht, und eine solche französische Regelmäßigkeit war wohl darnach angethan, Gottscheds lautes Lob herauszufordern. So schreibt er denn

---

[33] a. a. O., S. 88 und 89.

[34] Der Zettel von 1735 trägt die Bemerkung: „Die Schaubühne stellet vor: Einen Saal in dem Hause des Horatius, am Thore Capena."

damals, als er mit Hudemann im Kampfe um die Oper liegt, in den „Beyträgen"[35], wo es sich um die „wahre Quelle des (tragischen!) Vergnügens, so man bey allem Elende anderer Leute empfindet", handelt:

„Damit der Herr D. Hudemann dieses alles aus der Erfahrung als wahr befinden möchte: So wollte ich ihm nur wünschen, daß er die Horazier eines seiner geschickten Hamburgischen Mitbürger von unsern Commodianten aufführen sehen sollte. Denn es giebt auch in Hamburg endlich Leute, die über die Vorurtheile so weit weg sind, daß sie selbst an die tragische Schaubühne Hand anlegen: Ob es gleich auch andere nicht ungeschickte Männer giebt, die sie in diesem edlen Vorsatze, aus übermäßiger Liebe zu der Opernbühne, zu hindern suchen."

Aber auch die schon erwähnten Poetischen Gedanken[36] können sich in starkem Loben nicht genug thun und beschließen ihre Kritik mit den Versen:

„Kurz, wer dies Trauerspiel ohn' es zu loben liest,
Kennt wahre Schönheit nicht, zeigt daß er fühllos ist.
Der Beyfall einer Stadt, das Lob geschickter Männer
Gilt viel, und Hamburg hat in allen Künsten Kenner." —

Die Neuber selbst hat es jedenfalls am 20. Mai und 4. Oktober 1735 noch in der alten Fassung gegeben, in der das Stück, wie bereits bemerkt, zuerst am 5. Juni 1735 aufgeführt und, wie Schütze erwähnt, „oft wiederhohlt" ward.[37] Als Schönemann 1741 in Hamburg spielt, giebt er das Stück nicht, vielleicht auf Wunsch des Dichters, der wohl schon damals mit einer Umarbeitung seines Werkes sich trug oder schon beschäftigt war, denn als Schönemann 1747 wiederkehrt, führt er „Die Horazier" in neuer

---

[35] Beyträge zu crit. Historie X, S. 301.
[36] a. a. O., St. 1, S. 6.
[37] Vgl. hierzu: Reichard, Theater-Journal, Stück XIII, 48; Chronologie, S. 66.

Faffung auf und läßt sie zuvor in einer „Abdanckung zum Timoleon, wie derselbe d. 20. Juny vor dem Mth. gespielet worden"[38], gehalten von der „Madam Schönemann", mit den Worten ankündigen:

> hat Timoleon der Bürger, dem kein Fürst und Mann regirt,
> hat sein Wunsch, der Geist der Freyheit, euren freyen Geist gerürt,
> Macht er eure hertzen starck, gegen Trotz und heucheleien
> So wird euer Beyfall uns, mehr, als glück und Gold, erfreuen.
>
> Der Verstand, der Witz, die Großmuth, dadurch dieses Stück gefällt,
> Wird in einem neuen Stücke künftge Woche vorgestellt,
> Es geschiehet Mittewochs," u. f. w.

„In einem neuen Stücke", heißt es hier ausdrücklich; und wenn wir uns auch erinnern, daß der allerdings sonst als „schlicht, gerade und einsichtig" bekannte Schauspieldirektor in erster Linie Geschäftsmann ist und die Worte in den Anpreisungen seiner aufzuführenden Stücke nicht allzu gewissenhaft abwägen mag, so stimmt dies doch insofern mit Behrmanns eignen Auseinandersetzungen — in der Widmung a. a. O. — als derselbe von mindestens **drei Fassungen** seines Werkes spricht. Dieser zweite Text, dessen Personenverzeichnis mit der Ausgabe von 1751 bereits übereinstimmt, wird von Schönemann zuerst am Mittwoch, den 28. Juni 1747, als Benefiz der Madame Schönemann unter großem Zulauf gespielt[39], worauf diese auch schon in einer am 20. Juni bei der Timoleonvorstellung gehaltenen „bettelhaften Nachrede, die wir in der Handschrift besitzen"[40], mit den Worten:

„Mir zum Vortheil werden dann die Horazier gespielet,
Da ein jeder Ausdruck reizt, da man jede Zeile fühlet", u. f. w.

---

[38] Dieselbe wird handschriftlich auf der Hamb. Stadtbibliothek aufbewahrt und war bisher den Komödienzetteln beigebunden.
[39] Gleichfalls mit einer „Abdanckung" (Danksagung) in fünffüßigen Jamben der Mad. Schönemann. — Schütze, S. 273.
[40] Ebenda.

hingewiesen hatte. Am 4. und 30. Juli wird das Stück wiederholt. Aber auch diese Bearbeitung scheint Behrmann trotz des „vielen Geräusches"[41], welches sein Stück machte, nicht befriedigt zu haben. Als er 1751 sich und seinen Kindern „das unschuldige Vergnügen" bereitet, die Horazier „in einer Gesellschaft von vorzüglichen Freundinnen und Freunden mit aufzuführen"[42], arbeitet er sie zuvor noch einmal gründlich um.[43] In dieser letzten Fassung hat es Koch gespielt am 28. August 1755 „mit" — wie Schütze S. 288 hinzufügt — „auf dem Anschlagzettel angezeigten Veränderungen des Verf.", was jedoch nicht ganz zutreffend ausgedrückt ist, denn der betreffende Zettel besagt nur: „Zum erstenmahle: Die Horazier, Ein Trauerspiel, von einer geschickten Feder allhier verfertigt." Am 3. September d. J. wird die Vorstellung von ihm wiederholt. „Nach so vielen Jahren liefre ich dennoch nichts vollkommenes", ist Behrmanns eignes Urteil über sein Werk. Da er aber jetzt dem Drängen der Freunde und der litterarischen Welt[44], sein Stück im Druck herauszugeben, dem er achtzehn Jahre hindurch widerstanden hatte, nachgiebt, so dürfen wir gewiß annehmen, daß dasselbe ihm in seiner jetzigen Gestalt am meisten zugesagt hat. Dem saubern Drucke in gr. 8⁰ von 1751 sind zwei „Nachreden" angehängt; die eine ist von Behrmann selbst, die andere von G. H. Sillem in Alexandrinern gedichtet.

Auch außerhalb Hamburgs sind „Die Horazier" oft über die Bühne gegangen. Einige mir bekannte auswärtige Vorstellungen

---

[41] Hann. Magazin 1768, S. 372.

[42] Vgl. die Widmungsvorrede; ferner die zweite „Nachrede" des G. H. Sillem (S. 113), und Pt. Gdk. v. pol. u. gel. Ngk., IV. Theil, St. 1, S. 6.

[43] Vgl. oben S. 12 und 13.

[44] Gel. Ngk. 1750, S. 295 u. 296; Brief Bodmers an Hagedorn vom 30. März 1744 (a. a. O., S. 163); Vorrede zum Timoleon; Hbg. Btr. 1741, St. 95, S. 808; Gottsched, Beytr. VII, 668.

führe ich hier an. E. Mentzel[45] erwähnt Frankfurter Aufführungen des Stückes in den Jahren 1736 und 1737 durch die Neuberin, welche übrigens das Frankfurter Publikum viel leichter als das Hamburgische für das französische klassische Drama zu gewinnen wußte. Schönemann habe wahrscheinlich den jungen „Horaz", seine Frau die „Camilla", Philippine Tumler, die spätere Heydrich, die „Clelia", Suppig den „Kuriatius", Koch den „Taraninius" gespielt — eine Besetzung, die wohl auch für Hamburg gilt. Auch Fr. von Reden-Esbeck hat in seinem Buch über die Neuber jenen hierauf bezüglichen Zettel aus Frankfurt a. M. abdrucken lassen, wo am 2. November 1736 „Die Horatier" z. B. dem Magiſtrat „zu Ehren und ſchuldigſten Dankbarkeit" aufgeführt wurden. Ferner regiſtriert Gottſched in der „Anmuth. Gelehrſ."[46] in einem Verzeichnis der im Jahre 1755 am Zerbſtiſchen Hofe aufgeführten Stücke auch: „Am 10. Auguſt, die Horazier des Herrn Behrmanns" (S. 70. „Vorredner zu den Horaziern des Herrn Behrmanns."). Die Vorſtellung wurde „am 12. des Windmonats" wiederholt. Wie bekannt, aber doch zuerſt wenig verſtanden — was ja auch die ſchon erwähnte Fabel Hagedorns an Behrmann auszuſprechen ſcheint — „Die Horazier" auch anderswo waren, offenbart eine bei Heinr. Lindner, Karl der Zwölfte, S. 62 und 63 wiederabgedruckte Stelle eines Gedichtes „Einige Fehler des gegenwärtigen Jahrhunderts"[47], wo es u. a. heißt:

[45] E. Mentzel, Geſchichte der Schauſpielkunſt in Frankfurt a. M., S. 164 u. 421, wo auch (Beilage II) der allen Mitgliedern des Rates vor der Aufführung zugeſchickte Prolog wiederabgedruckt iſt, der mit Ausnahme kleiner veränderter Stellen und der Umwandlung des Namens Hamburg in Frankfurt mit der Anſprache an den Senat Hamburgs in der dortigen Magiſtratskomödie vom 28. Novbr. 1735 völlig gleichlautend iſt. Hier findet ſich auch die Neuberſche Analyſe des Stückes.
[46] Bd. VI, S. 66 ff.
[47] Vgl. Neue Beiträge zur Beluſtigung des Verſtandes und Witzes. Bremen u. L. 1748. V, S. 539.

„Ich sah in meiner Stadt den Arlequin bei Schocken
Die Leute nach dem Schauplatz locken,
Da ward sein Kleid, sein Hut, sein Holz, sein Tritt belacht,
Ich sah fort immer die Bauisen,
Der Schauspielkunst zum Schimpf, bewundert und gepriesen,
Auf die Horazier gab selten jemand acht."

Als Behrmann starb, wurden in Hamburg „seine Horazier den Tag nach seinem Ableben mit vieler Pracht aufgeführet, und vorgestern, als den 1. December, wiederholet." Schütze berichtet freilich, daß jene Vorstellung am 29. November zugleich eine „Benefitkomödie für Demois. Schönemann" gewesen sei![48] In der zweiten Hälfte der fünfziger Jahre scheint dann das Interesse für das Stück erlahmt zu sein, und gerade in Hamburg, wo es ohne Zweifel am meisten gewürdigt und verstanden war, mußte notwendigerweise die französirende Dichtung Behrmanns zuerst in Mißachtung kommen. Ich werde später davon noch in Kürze zu sprechen haben. —

Noch größere und nachhaltigere Wirkung hat der „Timoleon" Behrmanns auf seine Zeitgenossen geübt, welcher, wie schon erwähnt, 1741 in Hamburg erschien[49] und von dem der Herausgeber Johann Matthias Dreyer[50] in der Vorrede u. a. behauptete: „Wir lesen nunmehro das erste deutsche Trauerspiel."[51]

---

[48] Hbg. unp. Corresp. 1756, Nr. 192 und Schütze, S. 293.

[49] Timoleon : Der Bürgerfreund | Ein | Trauerspiel | des Herrn Georg Behrmanns. | Hamburg : Gedruckt von Johann Georg Piscator. | 1741. | Gr. 8.

[50] J. M. Dreyer war hochfürstl. Holstein. Sekretär. „Seine Geschicklichkeit in der Poesie aus so vielen Stücken ist mit einem rühmlichen Beyfall bereits bekannt" (Vgl. hierüber: Hbg. unp. Corresp. 1756, Nr. 29). Bei seinen freien religiösen Anschauungen aber war er bei der Hamburger Geistlichkeit ziemlich verrufen; er gehörte auch nicht dem engeren Hagedornschen Kreise an, und Schmid (Almanach u. s. w. 1772, S. 66) sagt geradezu von ihm: „D. war kein poetisches Genie, sondern blos ein witziger Kopf."

[51] Auch andere Stimmen haben sich in diesem Sinne für den Timoleon erhoben. So sagt z. B. Schütze S. 225: „Diesen Timoleon mögten wir das erste

Der Hieb galt dem zehn Jahre früher ans Licht getretenen „Sterbenden Kato", aber Gottsched mußte sich doch freuen, gerade in dieser kritischen Zeit hier in dem sonst so selbstständig-zähen Hamburg einen Jünger zu finden, der für die Folgezeit Gutes versprach und der in scheinbarer Bescheidenheit die Veröffentlichung durch den Druck nur „mit der Begierde entschuldigen zu können meynt, mit welcher er eine regelmäßige Einrichtung der deutschen Schaubühne wünschet" (Vorrede). Das war gewiß ein Programm in Gottscheds Sinne! Dieser selbst hatte in den „Beyträgen"[52] unter vielen anderen „wahrhaften" Trauerspielen auch den freilich damals noch ungedruckten, aber bereits aufgeführten „Timoleon" aufgezählt und zeigt jetzt die erste Ausgabe in der „Anmuthigen Gelehrsamkeit" (1,382) und ebenda (7,502) einen 1742 in Frankfurt und Leipzig erschienenen Druck an, welcher mir indessen leider nicht zugänglich war. Das Trauerspiel ist aber später noch mehrfach aufgelegt, so z. B. zu Frankfurt a. M. und Leipzig 1750 (Gel. Ngl. 1750, S. 295 und 296).

So bringt Gottsched denn hocherfreut über dieses streng nach seinen tragischen Regeln gearbeitete Trauerspiel in den „Beyträgen"[53] jetzt eine rühmende Besprechung, „wenn gleich an der Einrichtung noch irgend etwas erinnert werden könnte". Entschiedenen Protest aber legt der Kritiker dagegen ein, daß der Verfasser der Vorrede, „der übrigens ein geschickter Mann sein muß", behauptet: „Daß dieser Timoleon das erste gute tragische Original ist, das in Deutschland gemacht worden." Er führt als frühere deutsche Originale des Leipziger Mediciners Ludewig „Ulysses",

---

deutsche Originaltrauerspiel nennen, da der Verf: seinen Stof ganz durchaus aus der Geschichte nahm, und nicht wie Gottsched seinen (angeblich auch originalen) Kato mit fremden Lappen zusammenflickte." — Vgl. auch v. Bielfeld, Progrès des Allemands, dans les sciences etc., S. 249.

[52] VI, 521 ff.
[53] VII, 668.

ferner „Titus Manlius" und „Cäsar" und Fr. Pitschels „Darius" an, der im dritten Teil der Schaubühne erschien — im Grunde meint er aber seinen diesen weniger populären Stücken gegenüber doch recht berühmten „Sterbenden Kato". Man sieht aber, er will es mit Behrmann nicht verderben und schließt deshalb auch mit den Worten: „Timoleon ist allemal zu loben, und es ist zu wünschen, daß auch die Horazier des Herrn Behrmanns bald folgen mögen."

Wie diese wurde auch das neue Stück zuerst von der Neuber 1735, in welchem Jahre sie sich bekanntlich am längsten in Hamburg aufhielt, kurz vor ihrer Abreise[54] hier aufgeführt[55]; Schütze S. 225 sagt von dem Trauerspiel, es sei „das Denkwürdigste aus diesem Theaterjahr", und „am (Montag) 28. Novbr. dem Senat zu Ehren" zuerst gegeben, wobei er in Parenthese bemerkt: „Wir besitzen eine deshalb in 4. gedruckte Dankrede."[56] In den recht prosaischen Versen derselben preist die Neuberin — diese ist jedenfalls die Verfasserin — das regelmäßige Trauerspiel:

[54] Am 5. Decbr. ist die letzte Vorstellung dieses Jahres. — Vielleicht stammt aus der Zeit dieses langen Aufenthalts ein auf der Hamburger Stadtbibliothek erhaltener Abonnementschein, der uns über die Art und Weise der Geschäftsführung in interessanter Weise aufklärt:

Unterschriebener hat mit der Neuberischen Schauspiel-Gesellschaft auf ein Jahr contrahiret, für die Entrée in

für seine Person

auf   Rthlr. Courant, wovon die Hälfte praenumeriret werden soll binnen acht Tagen, wenn der Terminus zum Anfange bekannt gemacht werden wird, und von der Zeit an über 6 Monat die andere Hälfte. Hamburg,

[55] Vgl. die Dreyersche Vorrede; Reichard, Theat.-Journal, Stück XIII, 48.

[56] Derartige Dankreden wurden übrigens anläßlich aller der Staatsobrigkeit zu Ehren gegebenen Stücke gedruckt. Die bezügliche, „Ihr Väter dieser Stadt" überschriebene wird mit den Komödienzetteln auf der Hamburger Stadtbibliothek aufbewahrt. Vgl. den bei v. Reden-Esbeck (Karoline Neuber. 1881) S. 186—190 abgedr. Theaterzettel.

„Es hat sich der Geschmack was gutes an zu sehen
Jetzund weit mehr erhöht, als es vor dem geschehen,
Die Menge fehlt zwar noch[57], allein der Anfang zeigt,
Daß immer nach und nach das Gute höher steigt."

Man wolle nichts „Närrisches" mehr sehen, sondern gebessert werden. Auch das Gefühl für ihren Stand hat sich in den letzten zwei Jahren merklich gehoben und aus der „Comoedienbude in der Fulentwiet", wie das Theater noch 1733 auf dem Zettel der Horazier hieß, ist jetzt ein „Comoedienhaus" geworden, dem freilich die Schröder von Ende Juni 1744 ab die alte volkstümliche Bezeichnung wiedergiebt. Auf das in dieser „Dankrede" abgedruckte Personen-verzeichnis folgt sodann ein „kurzer Vorbericht", welcher den Inhalt des Stückes erzählt. Dieser letztere wird später zur Empfehlung auf den Komödienzetteln wörtlich wieder abgedruckt, so z. B. am 11. Aug. 1738. — Schon Tags darauf wird „Timoleon" unter großem Beifall wiederholt.

Doch scheint es, als ob die Neuber noch immer mit den regelmäßigen Stücken der Gottschedianer in Hamburg wenig Glück gehabt habe, denn Schütze fährt fort: „So sehr die Neuberin auch in diesem Jahre sich Mühe gab, ihr besseres Schauspiel beliebt zu machen, und dadurch den verderbten theatralischen Geschmack zu bessern: so wenig glückte es ihr hier wie allenthalben in Deutschland." Das ist im allgemeinen wohl zu viel gesagt oder wenigstens doch sehr cum grano salis zu verstehen. Im übrigen Deutschland hatte sie immerhin schon recht nennenswerte Erfolge aufzuweisen, und auch von Hamburg haben wir zuverlässige Nachrichten, daß die Neuberin gerade mit den beiden Behrmannschen Stücken, die doch wohl etwas mehr als „nachgebildete" und „mattherzige Dichterwerke" sein dürften, und denen keineswegs nur die Bestimmung zufiel, „unter Gottsched's Beistand Bühne und Literatur wieder in innige Wechselbeziehungen

---

[57] Vgl. hiermit auch den S. 9 mitgeteilten Anfang der Fabel Hagedorns.

zu einander zu bringen und der Darstellungskunst eine bessere Nahrung zu reichen"⁵⁸, hier verhältnismäßig gute Geschäfte machte. Selbst Schmid, freilich sonst nicht gerade sehr zuverlässig und besonders Behrmann übelgesinnt, muß in seiner „Chronologie" (S. 101 ff.) zugeben, daß die Horazier und der Timoleon „wenigstens zu Hamburg mehrere Vorstellungen ausgehalten haben." Richtig dagegen ist, daß sie Mangel litt und Schulden machen mußte, woran aber die „cholerische und unbesonnene Frau", welche auf den Geist der Kabale und die Unwissenheit in Hamburg laut schalt, zum Teil selbst Schuld war; Behrmann unterstützte sie auch jetzt mit Geldern, so viel er konnte.⁵⁹

---

⁵⁸ E. Mentzel, S. 168.

⁵⁹ Es soll aber nicht geläugnet werden, daß die niedrige Posse und das „Operngekreische" den hamburgischen Geschmack in dieser frühen Zeit beherrscht, von welcher auch Uhlich (Poet. Ztg. VII. Stück, Sonnab., vom 18. Febr. 1747), auf sie zurückblickend, ein interessantes Bild entwirft: „Wie konnte Deutschland doch so lang sein schmutzig Possenspiel erdulden, es war von groben Zoten schwer, und die es zeigten schwer von Schulden; da wußte man nichts von Charactern, von Regeln, von Wahrscheinlichkeit, der Held war oft ein Possenreißer und was er that, Verwegenheit . . . . obgleich in Frankreich schon Corneille und der vortreffliche Racin viel Muster schöner Spiele zeigten, blieb doch in Deutschland Harlekin, noch immerfort die Hauptperson."

1735 erscheint der Harlekin noch immer in Nachspielen und noch 1737 (17. Juli) giebt die Neuberin in Hamburg eine Harlekinade vom alten Schlage mit dem Titel: „Harlekin, der lustige Tanzmeister, Fechtmeister, in der Anschreibekunst wohl erfahrene Wirth, und ohne Noten künstlicher Musikante." Dann folgen bis in den September hinein (Dienst., 17. Septbr. 1737) „lustige Nachspiele" ohne näheren Titel, in denen aber zweifellos der Harlekin die Hauptrolle spielte — vielleicht, um die sonst „fehlende Menge" ins Haus zu locken. Von 1738 ab fallen diese weg und kleine einaktige Stücke — hin und wieder aber auch noch „Lustige Nach-Comödien" — treten an ihre Stelle. Erst mit diesem Jahre tritt auch in Hamburg allmählich ein Wendepunkt zum Besseren ein: Der Harlekin wird dem Namen nach verbannt, hält sich in in der That eine Zeit lang fern, erscheint dann aber im nächsten Jahrzehnt wieder in den extemporierten Nachspielen auf der Hamburger Bühne. Die Neuber aber schreibt in jenen Tagen ihr Vorspiel „Der alte und neue Geschmack" (v. Reden-Esbeck hat S. 232 den in Hamburg auf der Stadtbibliothek erhaltenen

So kommen denn die beiden Dramen des Hamburger Handelsherrn, besonders jedoch der „Timoleon", von jetzt ab eine lange Reihe von Jahren, wenn auch nicht ständig als Repertoirstücke,

Zettel wieder abgedruckt) und führt dasselbe am 2. Juni 1738 in Hamburg auf. 1739 tritt wieder ein zwar v. Reden-Esbeck in seiner nicht immer gerechtfertigten Bewunderung der Neuber als „unwahr" (S. 211) zurückgewiesener Rückschlag ein, worauf aber auch Schütze (S. 235 u. 236) hinweist: „Recht absichtlich schien sie alle ihre alten Schnacken und Schnurren hervorzusuchen, um die Menge zu locken und allgemein zu befriedigen... Es zeigten sich viel schöne Dekorationen, Harlekin war nach wie vor im Gange", was trotz obiger Behauptung selbst v. Reden-Esbeck (S. 239) zugeben muß. Das mag Gottsched schon damals gegen die Neubers erbittert haben, wie dies auch eine Äußerung Löwens andeutet. Eckenberg verdarb dann 1739 den kaum geläuterten Geschmack der Hamburger wieder gründlich und hatte mit seinen „platten Hanswurstiaden und Marionettenwesen" die „bekannte große Comödienbude in der Neustädter Fulentwiete" immer voll. Ein entschiedenes Interregnum aber tritt ein, als die Neuber am 15. Febr. 1740 ihre Vorstellungen in Hamburg abbricht und die verhängnisvolle Reise nach Rußland antritt, denn die Müllersche Truppe, welche in Hamburg von Juni bis September d. J. spielt, giebt wieder, und zwar fast ausschließlich, Harlekinaden der schlimmsten Art. Ich komme später darauf zurück. —

Im allgemeinen aber ist dies die Zeit, wo das regelmäßige Trauerspiel der Gottschedianer am häufigsten auf dem Theater erscheint. Schier unerschöpflich ist die Reihe der zumeist der römischen Geschichte entlehnten regelmäßigen Stücke, für die mit Rücksicht auf das republikanische Publikum Hamburgs besonders die Neuber eine große Vorliebe an den Tag legt. Vaterlands- und Intriguenstücke wie z. B. der „Cajus Fabricius", der im Juni 1734 „auf dem großen Kögl. Opern-Schauplatze in Dresden mit großen Kosten und Beifall aufgeführt, hernach aber in Leipzig als Trauerspiel eingerichtet" wurde, werden gespielt. Gottsched selbst hatte über diese Oper sich sehr wohlwollend geäußert: „Ich weiß, daß es auch gute Charactere in Opern geben kann, und wirklich giebt. Noch vor kurzem ist in Dreßden (1734!) eine italienische gespielt worden, darin sie fast durchgehends gut waren. Sie heißt Cajus Fabritius, und ist eine von den besten, die jemals gemachet worden. Wäre die Einigkeit des Ortes, und der Zusammenhang der Auftritte besser darinn beobachtet: So wüßte ich fast nichts daran auszusetzen, als daß es eine Oper wäre. Eine so schöne Arbeit hätte nicht gesungen werden dörfen, um zu gefallen. Ja sie würde weit mehr Nachdruck in Bewegung der Gemüter gehabt haben, wenn sie als ein Trauerspiel wäre aufgeführet worden" (Crit. Beytr., S. 628 u. 629). Nach einer so maßgebenden Empfehlung lag die Bearbeitung in tragischer Form

so doch immer wieder, auf die Bühne. Schönemann spielt ihn 1741 in Hamburg (vgl. die Vorrede der ersten Aufl.!), und auch in Berlin wird derselbe von Eckenberg und Hilferding 1741 mit großem Beifall gegeben (Plümicke, S. 169) und unter den „Paradestücken der Schauspieler" erwähnt. Auch die Schröderin giebt am 5. April den „Timoleon" — zusammen mit der „Widersprecherin" — und ebenso am 17. Juli 1742 — zusammen mit dem „Orakel" — und erzielt mit beiden Vorstellungen 16 Rthlr..[60] Freilich hat sie ihn 1743 und 1744 nicht wieder gespielt, obgleich ja auch die Schröder das Programm der Neuber mit Eifer fortführt und anfänglich die regelmäßigen Stücke bevorzugt. Dagegen muß die um ihre Existenz ringende Frau dem niedern Geschmack durch extemporierte Harlekinaden ein Zugeständnis machen. Aus der regelmäßigen Komödie war der Eindringling allerdings entfernt, aber im Vor- und Nachspiel, wo er eigentlich zu Hause war, entwickelte er eine

---

zum mindesten nahe. „Der Edelmann auf dem Lande", „Der Edelmann in der Stadt", „Regulus", „Brutus", „Britannicus", „Julius Cäsar", „Cinna", „Kornelia, die Mutter der Gracchen" u. v. a. m. kommen gleichfalls um diese Zeit auf die Bühne. Vor allen andern aber beherrscht der „Sterbende Kato" das hamburgische Theater. Die Haupt- und Staatsaktionen sind freilich als Gattung in den Bann gethan, aber einzeln tauchen sie noch immer wieder auf, und Creizenach (Zur Entstehungsgesch. des Neueren Deutschen Lustspiels. Halle, 1879. S. 25) irrt, wenn er die angebliche, auch von Schütze S. 224 erwähnte Vorstellung des „Deutschen Schauspiels: Die in Ximindo untergehende, und in Balacin wieder aufgehende Reichs-Sonne | Oder: | Das blutige doch muthige Pegu. | Imgleichen: | Die Asiatische Banise" im Jahre 1735 (20. Juni) als besonders auffällig und als die letzte Vorstellung dieser bekannten Haupt- und Staatsaktion erwähnt. Vielmehr wird dieses Stück, welches „ohnezweifel jedermann sattsam bekannt ist", am 14. Novbr. 1735 noch einmal, dann am 9. Juni 1738 und endlich am 8. Mai und 22. Juni 1739 von der Neuberin in Hamburg wiederholt. Ja, sogar die Schröder führt die Asiat. Banise noch am 17. Septbr. 1742 unter dem alten langen Titel und in derselben Fassung auf und giebt erst am 13. Febr. 1744 die Grimmsche Bearbeitung als ein in Verse umgegossenes Trauerspiel „Die asiatische Banise."

[60] Meyer, Schröder, II, 2. Abtl., S. 40 ff.

Zählebigkeit, welche er, wie B. Litzmann⁶¹ meint, zum Teil „der damals üblichen Einteilung des Theaterabends verdankte." So giebt sie denn 1742 u. a. Harlekinaden wie: „Der betrogene Arlequin, oder der durch des Scarmutzen listige Betrügereien glücklich gemachte Liebhaber", „Harlekins lächerlicher Fürstenstand", „Harlekins lächerlicher Hochzeitsschmaus", „Harlekin, der lächerliche Baron in der Einbildung", „Der zum Doctor geprügelte Harlekin" u. ä. m. Neben den regelmäßigen Stücken wie „Kato," „Zaire", „Mithridates", „Der Edelmann auf dem Lande", „Darius", „Telemach" u. a. neigt sie sich von 1743 und 1744 ab besonders zu Holberg und Schäferspielen in Gellerts Sinne wie „Elisie" und „Das Fest." Oft giebt sie (ungenannte) Nachspiele aus dem Stegreif, in welchen der Harlekin noch eine Zeitlang sein Leben fristet und der Harlekinade wieder zu ihrem alten Rechte verhilft.

Als aber Schönemann 1747 in Hamburg spielt, giebt er am 20. Juni „bei vollem Hause" den „Timoleon" „Einem hochedlen und hochweisen Magistrat zur Ehre und unterthänigen Dankbarkeit"⁶², eine Ehre, welche dem Werke schon zum zweiten Male widerfuhr und gewiß am besten dafür spricht, in welchem Ansehen das populäre Stück in jener Zeit stand. Schütze bemerkt: „Behrmanns Timoleon sah man oft und gern." Auf diese häufigen Wiederholungen in jener Zeit bezieht sich auch Uhlich in den Poet. Zeitungen von 1747 (a. a. O.), wo es u. a. heißt: „wer siehet den Timoleon, und siehet ihn mit kaltem Blute? man weinet, kämpft, beklagt mit ihm, und ist stets voll von seinem Mute." Für die größere dramatische Gestaltungskraft Behrmanns hat Uhlich freilich kein Verständnis, denn nachdem er konstatiert hat, daß heutzutage „der größte Theil mit Freuden ein regelmäßiges Schauspielhaus" besuche, nennt er in einem Atem mit dem „Timoleon" den „Kato", „Herrmann",

---

⁶¹ F. L. Schröder (Hamburg und Leipzig, Voß, 1890), S. 35 u. 36.
⁶² Vgl. die schon erwähnte „Abdankung zum Timoleon." — Über die sog. Ratskomödien vgl. „Aus Hamburgs Vergangenheit," S. 202, 1.

„Dido" und die „Banise", und ein anderes Mal[63] heißt es unter der ständigen versifizierten Rubrik: Gelehrte Neuigkeiten:

„Wen erfüllt nicht Schröck und Schaudern, wenn im hohen Trauerspiel, Gottsched, Behrmann, Schlegel singen? und wer preist sie je zuviel?" —

Schon 1736 war „nach der Mittheilung eines Zeitgenossen", wie E. Mentzel sich ausdrückt, der „Timoleon" zur Darstellung (wahrscheinlich Eröffnungsvorstellung!) in Frankfurt gekommen und erregte hier noch größeres Aufsehen als ein Jahr zuvor auf der Hamburger Bühne.[64] Noch in der Ostermesse 1750 wird das Stück in Frankfurt a. M. „mit allgemeinem Beyfall" aufgeführt[65] und zwei Jahre später am 4. Mai wiederholt.[66] In Hamburg gab das Stück Schönemann am 27. Aug. 1750, und der berüchtigte Johann Kuniger „verhunzte" am 4. Septbr. 1752 den „Timoleon" und gab auch die „Horazier", freilich „verstümmelt und verschnitten." Franz Schuch, „der letzte Hanswurst unter den Schauspielprinzipalen", spielte noch „mitunter" den „Timoleon".[67] Eine der letzten Darstellungen dürfte diejenige gewesen sein, welche 1760 von der Ackermannschen und Schröderschen Truppe veranstaltet wurde (Meyer, Schröder a. a. O.), denn seit der 1764 erfolgten Übersiedelung der Ackermannschen Truppe nach Hamburg ist Behrmann nie wieder gegeben worden.

„Timoleon" ist ein durchaus regelmäßiges Stück und behandelt in fünf Handlungen die Geschichte des Freiheitshelden Timoleon

---

[63] Poet. Ztg. 1747. XV. St. (Sonnab., vom 15. April).
[64] E. Mentzel, S. 164.
[65] Gel. Ngk. 1750, S. 295.
[66] Ein von Herrn Georg Behrmann, berühmten Kauf- und Handelsmann in Hamburg verfertigtes Trauer-Spiel, genannt: TIMOLEON, DER BÜRGER FREUND. (Mentzel, S. 476.)
[67] (Schütze, S. 289). So z. am 19. Febr. 1756. Die auf seinem Zettel abgedruckte Inhaltsangabe schließt mit den Worten: „Das übrige wird die Vorstellung selbst ausweisen, und wir versichern, daß die Poetische Bilder von einem guten und bösen Bürger, von einer freyen und Monarchischen Regierung u. s. w. vortrefflich sind."

von Korinth, der seine Vaterstadt so sehr liebt, daß er seinen älteren Bruder Timophanes, als dieser sich zum grausamen Tyrannen aufwirft, um so eher tötet, als er die bürgerlichen Pflichten über die brüderlichen stellt. Timoleon wird von seiner Mutter Demaristia verflucht und verbannt sich selbst aus Korinth, obgleich ihn die Bürger als Vater des Vaterlandes verehren.

Wir finden also auch hier wieder einen patriotischen Stoff der alten Geschichte „aus den bewehrtesten Geschichtsschreibern" entnommen, aber auf hamburgische Verhältnisse zugespitzt. In einem Staate mit republikanischer Verfassung wenigstens mußte das Stück am nachhaltigsten wirken, und das Programm des „Timoleon" war danach angethan, die auf ihre Freiheit stolzen Herzen der Hamburger höher schlagen zu machen:

> „Ich bin der Bürger Freund, ich lebe bloß für sie,
> Ich fliehe stets die Furcht, allein das Sterben nie.
> Mich hat kein Königsstolz zur Rettung angetrieben,
> Ich muß die Bürger mehr, als meinen Bruder, lieben.
>
> — — —
>
> Die Freyheit ist gewiß der Bürger größter Schatz.
> Ist die einmal dahin, so ist sie stets verlohren.
> Zur Knechtschaft sind wir nicht, nein, wir sind frey geboren.
> Wir kennen keinen Herrn, als Pflicht und Vaterland,
> Als Rath und Bürgerschaft, als Weisheit und Verstand,
> Als Recht und Billigkeit, als Redlichkeit und Treue.
> Wer uns die Freyheit raubt, der stirbt mit Furcht und Reue.
>
> — — —
>
> Ich bin ein Bürger, ich, ich will ein Bürger bleiben.
> Ein Königsfeind, wie ich, nimmt keine Kronen an."

Auch Schütze [68] (S. 225.) weist schon auf einzelne derartige Stellen hin, die in Hamburg „Sensation machen mußten", und E. Mentzel führt gleichfalls den Beifall, den das Stück in Frankfurt

---

[68] Schütze berichtet (S. 275) auch noch von einem neuen Vorspiel „Machiavel mit dem Timoleon", das am 27. (Aug.) 1750, dem Todestage des zu Hamburg an der Hektik erkrankten Krüger, zuerst von Schönemann aufgeführt sei. Joh. Chr. Krüger ist indessen bereits am 23. Aug. 1750 gestorben.

am Main fand, auf die republikanische Freiheitsschwärmerei desselben zurück. Wenn wir aber andererseits uns an den Wust von gleichzeitigen Bühnenstücken der französischen Schule erinnern, so können wir wohl begreifen, daß ein Werk wie der „Timoleon" mit seiner edlen, von heißer Vaterlandsliebe getragenen Sprache, die zwar rein deutsch und ohne französische Flickworte, aber doch nicht so sorgfältig gefeilt und poetisch wohlklingend wie in den „Horaziern" dahinfließt, auch anderswo das größte Aufsehen — trotz des „Sterbenden Kato", der in dieser Zeit hoch in Ehren steht, — erregen mußte. Auch hier ist die regelmäßige Abwechslung von männlichen und weiblichen Reimpaaren gewissenhaft durchgeführt und, um die stockende Handlung auf der Bühne in Schwung zu bringen, hin und wieder — ebenso wie in den „Horaziern" — die sog. Reimbrechung angewandt. Die Charaktere kontrastieren unter einander und treten überhaupt bedeutend schärfer als in dem älteren Stücke Behrmanns hervor. Dramatische Handlung[69] dagegen — das ist auch hier der Fehler — ist wenig oder garnicht vorhanden, und die Katastrophe wird auch hier durch Wiederholungen und langatmige Reden aufgehalten und zu weit hinausgeschoben. Im allgemeinen jedoch verschwinden diese an sich gewiß nicht unbedeutenden dramatischen Fehler gegen die Vorzüge, die das Stück vor sehr vielen gleichzeitigen Erzeugnissen der Bühnenlitteratur hatte. Behrmanns Ruhm verbreitete sich schnell, und als er 1741 den „Timoleon" in Buchform herausgiebt, war er bereits durch ihn einer der bekanntesten Dichter geworden. Wir haben schon Gottscheds Urteil in den Beyträgen (VII, 668) darüber gehört. Bodmer, dem Hagedorn das Behrmannsche Stück geschickt haben mag[70], hat es jedenfalls sehr zugesagt, denn am 30. März 1744 schreibt er von Zürich aus an

---

[69] Auf eine nähere Analyse des Stückes kann ich hier um so eher verzichten, als eine solche schon sehr oft erfolgt ist. Eine gute findet sich bei Bielfeld, Progrès etc. S. 250; vgl. auch den Neuberschen Zettel vom 11. Aug. 1738.

[70] Vgl. den S. 6 angezogenen Brief Hagedorns an Bodmer v. 3. Jul. 1742.

den Hamburger Freund[71]: „Ich hoffe, daß ich in dieser Messe die Horazier des Herrn Behrmann mit Ihrem Schreiben empfangen werde. Ich habe schon längst ein sehnliches Verlangen darnach gehabt. Sie können zur Ehre und zum Vergnügen der witzigen Deutschen nichts Besseres thun, als daß Sie diesen geschickten Mann aufmuntern, in dieser Dichtungsart fortzufahren." Mit einem scheelen Seitenblick auf Gottsched schließt er wie immer auch hier: „Wie kömmt's, daß nur diejenigen viel schreiben, welche gar nichts schreiben sollten, weil sie's nicht verstehen? Ohne Zweifel eben daher". Die „Hamb. Btr."[72], welche sich im Ausposaunen der „unsterblichen Verdienste" des „vortrefflichen Mannes", des „hoch= berühmten Hrn. Prof. Gottsched, der nunmehro zum zweiten Male das Rectorat auf der hohen Schule zu Leipzig rühmlichst verwaltet", nicht genug thun können, „müssen von der Beschaffenheit dieser Arbeit so viel melden, daß sie nach den Regeln der Dichtkunst und der Schaubühne verfasset und gerathen sey", und bei Bielfeld[73] heißt es auch: „sa piece est écrite selon les regles les plus exactes du Théâtre; la versification en est fort correcte, & le style aussi pur qu' élégant". Da dies überdem der erste Versuch zur Trägödie in Deutschland sei, so habe man nun gewiß gegründete Hoffnung zu einem sehr großen Fortgange.

Am gefeiertsten ist Behrmann in den vierziger Jahren ge= wesen, als er Ehrenmitglied der Götting. Deutschen Gesellschaft wurde; und als Joh. Paul Finke 1748 seinen „Versuch einer Nachricht von gelehrten Hamburgern" herausgiebt, da widmet er das Werk seinem berühmten Mitbürger Behrmann und noch einem andern gelehrten Kaufmann Johann Berenberg.[74] Aber schon bald

---

[71] Fr. von Hagedorns poet. Werke (Eschenburg) V, S. 165.
[72] 1741, St. 75, S. 808.
[73] Progrès des Allemands, dans les sciences etc., S. 250.
[74] gest. 21. Novbr. 1749 (Gel. Zgf. 1749, S. 210).

nach seinem Tode ist Behrmann vergessen oder doch sehr unterschätzt worden. Man versteht ihn und das Kämpfen seiner Zeit nicht mehr. Zwar veranstaltet Schönemann[75], wie ich zuvor schon erwähnte, am Tage nach seinem Hinscheiden (29. Novbr. 1756) jene Vorstellung der „Horazier" mit daran sich schließender Trauerfeier, bei welcher „die Nachrede der Jungfer Schönemannin, eine Zierde der deutschen Bühne, einen allgemeinen Beyfall erhielte" und in welcher u. a. versichert wurde:

„Sein Angedenken soll uns stets ein Beyspiel bleiben.
Wer ihn recht rühmen will, der darf ihn nur beschreiben.
Ja Freundschaft war Sein Herz, Sein Wort ein heilger Schwur,
Sein Wunsch der Menschen Wohl, Sein Fleiß und Witz Natur.
Die Freyheit und die Kunst, die Ihn zum Liebling hatten,
Die heiligen Sein Grab, und segnen Seinen Schatten."

Aber bei den Worten ist es geblieben. Als in der Mitte der fünfziger Jahre grade in Hamburg der englische Geschmack[76] so energisch zum Durchbruch kommt, mußte Behrmann, der würdige und neben J. E. Schlegel vielleicht bedeutendste Repräsentant einer absterbenden Litteraturströmung untergehen. Behrmann hat das

---

[75] Hbg. unp. Corresp. 1756, Nr. 192.

[76] Ich denke hier besonders an „Georg Barnwell, oder: Der Kaufmann von London", ein Stück, das H. A. Bassewitz übersetzt hatte und das Schönemann auf dem Zettel vom 25. Oktbr. 1754 mit den bezeichnenden Worten ankündigte: „Dieses Stück ist der erste Versuch auf unserm Theater von dem heutigen Geschmack der Engelländer in Trauerspielen." Schütze bemerkt S. 282 darüber, das Stück habe in Hamburg großen Beifall gefunden und sei vom 25. Oktbr. bis 11. Nov. sieben Mal gegeben — 25., 28. und 29. Oktbr.; 4., 6. („Dieses Trauerspiel wird heute zum letztenmale vorgestellt werden."), 8. und 11. Novbr. („Auf vielfältiges Begehren.") 1754 —; er wiederholt das auch von Koch (9. Jun. u. 11. Jul. 1755) und Schuch (3. März 1756) gegebene Stück Lillos am 16. Jun., 15. Jul., 26. Aug. und 14. Oktbr. 1756. Ekhof spielte den Barnwell, Mad. Stark die Marie. — Außerdem gehört Edward Moores „Spieler" hierher, den Schönemann am 18. und 24. Nov. 1756 mit Ekhof in der Rolle des Beverley aufführte (Schütze, S. 293), und Lessings „Miß Sara Sampson" war am 6., 7., 11. u. 21. Oktbr. d. J. gleichfalls auf Schönemanns Bühne erschienen.

französische Drama bei uns zur höchsten Höhe gehoben und ist zugleich der Abschluß dieser Richtung. Wir dürfen uns deshalb nicht wundern, daß zu der Zeit, wo sich der Sieg dem englischen Evangelium zuwendet, sich Stimmen erheben, welche Behrmann zu einem Stümper zu stempeln versuchen. Schon 1768 nennt ihn das „Hann. Magazin" (S. 372.) „einen sehr mittelmäßigen Dichter" (freilich im Gegensatz zu Joh. Elias Schlegel!), und Schmid sagt in seiner „Chronologie" (S. 101 ff.) ausdrücklich von Behrmann, daß es gar nicht sein Wille gewesen sei, „unser Trauerspiel eine Stufe höher zu heben, sondern nur nach Gottscheds Leisten ein Paar Stücke in prosaischen Versen zusammenzustümpern." Schütze hat dann in seiner Theatergeschichte (S. 225.) dieses verständnislose Urteil als „übertrieben und folglich unwahr" zurückgewiesen und fügt selbst hinzu: „Timoleon ist ein streng regelmäßiges, nicht durchaus schlechtes, wenn schon mitunter prosaisch versifizirtes und nach dem Geschmack französischer Tragiker gemodeltes Trauerspiel." Er hat damit von seinem Standpunkt aus das Richtige getroffen. —

Erwähnen will ich noch, daß sich in der Vorrede Dreyers zum „Timoleon" eine interessante Untersuchung über „die Zweydeutigkeit des Wortes Handlung" findet, welche die Herren Leipziger bereits eingesehen hätten und deshalb actus durch Aufzug, und action durch Handlung wiederzugeben versuchten. Behrmann ist damit nicht einverstanden und meint, Aufzug bedeute im Deutschen etwas ganz anderes als actus und würde meistens nur gebraucht, „wenn eine vornehme Person mit einem ansehnlichen Gefolge, oder in einer lächerlichen Kleidung auf der Bühne erscheinet." „Das Aufziehen der Decke", heißt es da, „wodurch man dem Worte Aufzug die neue Bedeutung und die rechte Gültigkeit geben will, scheint dazu nicht hinlänglich genug zu seyn. Bey einem regelmäßigen Stücke muß überdas die Decke, wenn sie einmal aufgezogen ist, nicht eher wieder niederfallen, als zu Ende desselben." Behrmann schlägt sodann für „Handlung" den Ausdruck „Abtheilung" vor, möchte aber, bevor er ihn in seinen Stücken anwendet, denselben erst von Gottsched autorisiert sehen. Man hört hier deutlich den selbstständigen, aber den Meister ehrenden Schüler heraus, der sich fast in seiner „Begierde nach einer regelmäßigen Einrichtung der deutschen Schaubühne" den Anschein giebt, als möchte er sein Vorbild noch an „Regelmäßigkeit" übertreffen, und wenn die hier ausgesprochene Ansicht Behrmanns von einem „regelmäßigen Stück" auch etwas pedantisch klingen mag und von der Zeit unberücksichtigt geblieben ist, so ist es doch erfreulich zu sehen, wie ein einsichtiger Mann schon in jener frühen Zeit Wandel auf einem noch heute umstrittenen Gebiet zu schaffen versucht.[77]

2. Stüven.

Die Bedeutung Behrmanns, der bereits in so früher Zeit Originale, und keine schlechten, schuf, lernt man aber erst ganz verstehen und würdigen, wenn man sich an das erinnert, was sonst auf der Bühne geboten wurde. Im Eingang dieser Untersuchung habe ich vorübergehend die eifrige Übersetzerthätigkeit gewisser Gottschedischer Kreise erwähnt und will jetzt in Kürze wenigstens eines dieser Männer gedenken, welcher der rührigsten einer in den Litteraturkreisen des zweiten Viertels des vorigen Jahrhunderts eine weitwirkende und angesehene Stellung inne hatte, aber heute kaum mehr den Fachgenossen dem Namen nach bekannt ist. Ich meine Peter Stüven. Über sein Leben freilich steht wenig fest, Geburt

---

[77] Der Vollständigkeit halber will ich noch zum Schluß erwähnen, daß Behrmann Corneilles „Gedanken von den Schauspielen" — P. Corneille, Gedanken von den Schauspielen. Hamb., gedr. mit wörmerischen Schriften. 8. o. J. — übersetzt (nach Schütze!) und eine Sammlung hamburgischer Leichen-, Hochzeit- und Glückwunschgedichte angelegt hat, welche von A. Schuback fortgesetzt ist und auf der Hamburger Stadtbibliothek in vierundzwanzig Kapseln aufbewahrt wird. Über den Bestand dieser Sammlung unterrichtet ein besonderer „Katalog von G. Behrmanns Sammlung von Gedichten."

Stüvens Eltern.   35

und Tod sind nur annähernd zu bestimmen. Diejenige Zeit, welche für uns bedeutungsvoll ist, ist die in Hamburg verlebte; sie liegt klar vor uns, denn hier führen uns seine Werke.

Auch Peter Stüven[78], den Koberstein und Goedecke fälschlich Stüve nennen, ist Hamburger von Geburt und wie Behrmann eines Kaufmanns Sohn. Sein Vater hieß gleichfalls Peter, seine Mutter Antoinette stammte aus der Widowschen Familie. Er wird die Jugendzeit in Hamburg verlebt und das Johanneum daselbst besucht haben, worauf er sich dem Studium der Jurisprudenz widmet. Da er infolge seiner „Dissertatio inaug. de eo quod iuris est circa bona communia, post mortem unius coniugum, intuitu superstitis ac liberorum, secundum Statuta Hamburgensia"[79] am 28. März 1735 in Utrecht zum Licentiaten der Rechte promoviert, so dürfen wir annehmen, daß er etwa um das Jahr 1710 geboren sein wird. Das Hamb. Schriftstellerlexikon vermutet ferner, daß er sich dann als Advokat in seiner Vaterstadt niedergelassen habe, was indessen zweifellos ist, denn in die Zeit der dreißiger Jahre fällt seine fruchtbare Thätigkeit als Übersetzer französischer Klassikerdramen, welche sämtlich in Hamburg verdeutscht sind. Der rege Verkehr im Hamburger Dichterkreis, dessen Mittelpunkt ja Hagedorn war, ermunterte Stüven, sich in Übersetzungen zu versuchen; Lamprecht nennt ihn in Hinblick darauf seinen „vernünftigen Freund" (Vorrede zur „Alzire"). Auch Schütze (S. 234) berichtet von seinen theaterfreundlichen Gesinnungen: „Dieser Mann nahm sich der Bühne an und verfertigte für die Neuberin mehrere Übersetzungen", und Löwen[80] fügt hinzu, daß sie ihr „sehr gute Dienste" thaten, was auch von Bielfeld[81] mit den Worten bestätigt wird: „Le Théâtre de Madame Neuber avoit déjà fait beaucoup de progrès, lors-

---

[78] Vgl. Hambg. Schriftstellerlexikon.
[79] Andersen, Privatrecht II, S. 68 und 96.
[80] Schriften (Hbg., 1765), IV. Theil, S. 27.
[81] Progrès etc., S. 245 ff.

qu'elle vint débuter à Hambourg; elle y trouva des personnes d'esprit, gens de lettres, amateurs des beaux arts, dont les travaux contribuèrent beaucoup aux progrès de son Théâtre. M. de Stuven, dont les talents ont été employés depuis plus utilement par deux grands Princes, fut excité par son beau génie & par son amour pour les productions de l'esprit, à consacrer ses moments de loisir aux ouvrages dramatiques." 1740 oder 1741 siedelt er dann nach Bayreuth über, von wo sich aus dem letzteren Jahre ein unedierter Brief in Versen an Hagedorn (Sammlung Lappenberg-Litzmann) erhalten hat. Hier wird er „hochfürstlicher Bareuthischer Hof- und Regierungsrath" und scheint in dieser Stellung geadelt zu sein.[82] Auf einem Hamburger Komödienzettel Schönemanns vom 18. April 1747 erscheint er als „geheimter Rath von Stüven"; er war bis 1749 in „Marggräfliche Brandenburgischen Diensten Ghbter Legations-Rath." Mit seinem Fortgange von Hamburg dem anregenden Dichterkreis entrückt, hat er sich in Zukunft der poetischen Reproduktion enthalten. Der andere Prinz, der seine „Talente sehr nützlich angewendet", ist der Herzog Karl von Braunschweig. Laut der auf dem Landeshauptarchiv zu Wolfenbüttel verwahrten Beamtenanstellungsregister ist von Stüven am 29. Jan. 1749 zum braunschweigischen Legationsrat ernannt (Beilage I) und am 2. Febr. 1769 aus dem herzogl. Dienste wieder ausgeschieden[83]; die Akten geben an, daß er sich mit vierhundert Thlr. Pension nach Neumünster zurückziehen wolle (Beilage II). Ein paar Jahre darauf

---

[82] Vgl. das Titelblatt: Der Graf von Esser. Hbg., 1747.
[83] Hr. Prof. Dr. O. v. Heinemann, herzl. Oberbibliothekar zu Wolfenbüttel, hatte die Güte, mich auf die gedachten Akten aufmerksam zu machen, wofür ich ihm auch an dieser Stelle meinen Dank sage. — Das Archiv besitzt, wie ich der Vollständigkeit halber hinzufügen will, auch zwei Gelegenheitsgedichte von Stüvens a. d. J. 1761 auf die Befreiung Braunschweigs durch Herzog Friedrich August und auf den Tod des Prinzen Albrecht Heinrich, welche Mitteilung ich dem freundlichen Entgegenkommen des des Hrn. v. Schmidt-Phiseldeck verdanke. — Vgl. auch „Hann. Mag." 1768, S. 373.

erscheint in den Akten ein v. Stüven als Landdrost, und unterm 12. Aug. 1773 wird diesem eine Gehaltszulage erteilt. Es ist mir aber nicht sicher und auch kaum wahrscheinlich, daß jener Landdrost und unser Legationsrat eine und dieselbe Person ist. Da die Wolfenbüttler Akten über den Tod eines v. Stüven nichts angeben und ferner die Kirchenbücher in Neumünster[84] diesen gleichfalls nicht erwähnen, so bleibt der Rest seines Lebens völlig in Dunkel gehüllt.

Was nun seine Übersetzungen anlangt, so handelt es sich um Voltaires „Brutus", Racines „Britannikus" und Cornilles „Der Graf von Essex", welche bis 1735 übersetzt und aufgeführt sind; Racines „Phädra" und Voltaires „Alzire" kommen bis 1739 dann noch hinzu. Diese Chronologie halte ich für die richtige; in den einschlägigen Werken herrscht — mit Ausnahme der „Nieders. Nachr. von gelehrt. neuen Sachen" 1735 — über diesen Punkt eine erstaunliche Konfusion. Die Originaldrucke sind zumeist völlig verschollen und der Historiker ist heute auf die späteren Drucke der Wiener Schaubühne angewiesen, auf welche ich noch unten zu sprechen kommen werde. Der „Brutus", welcher zweifellos (wahrscheinlich aber auch der „Britannikus" und „Essex") schon vor 1735, also noch vor seiner Licentiatenzeit von ihm in Hamburg[85] übersetzt wurde, ist überhaupt Manuskript geblieben — wenigstens ist mir kein Druck desselben bekannt: Kobersteins Notiz, er sei in der Deutschen Schaubühne zu Wien enthalten, ist irrig. Goedeke erwähnt ihn gar nicht, und Lamprecht, der Herausgeber der „Alzire", kennt weder den „Brutus" noch den „Britannikus." Bielfeld und Koberstein zählen dagegen sämtliche Übersetzungen auf, doch chronologisch falsch geordnet. Diese Verwirrung rührt gewiß z. T. mit daher, daß die Stüvenschen Übersetzungen erst alle in späteren Jahren gedruckt sind. Anläßlich einer Besprechung der „Alzire", welche 1739 in Hamburg herauskommt und wohl zuerst von allen dramatischen

[84] Nach einer Mitteilung der zuständigen Behörde daselbst.
[85] Nds. Nachr. v. gel. n. Sach. (28. Novbr. 1735) XCIII, S. 805.

Arbeiten Stüvens gedruckt ist, bemerkt Gottsched in den „Crit. Beytr."[86], er wünsche, „daß der Hr. Übersetzer uns auch die übrigen Stücke, die er schon übersetzt hat, mit einander ans Licht stellen möge" — ein Wunsch, dem 1735 schon die erwähnten „Niederf. Nach. v. gel. u. Sach."[87] Ausdruck gegeben hatten. Hagedorn[88] schreibt dann am 1. Decbr. 1739 an Chr. Fr. Weichmann: „Herr Stüven wird nächstens seine Übersetzung der Phädra ans Licht treten lassen", welcher Druck indessen noch nicht erfolgt zu sein scheint. Im „Nöth. Vorrath" wird dagegen ein mir unbekannter zu Wien 1756. 8° erwähnt[89]. Im Jahre 1747 erschien „Der Graf von Essex" zu Hamburg (Rugische Handlung); nach Goedeke ist indessen im folgenden Jahr auch noch in Wien (bei P. von Ghelen) eine Sonderausgabe gedruckt, welche Notiz auf eine solche im „Nöth. Vorrath"[90] Gottscheds zurückgeht. Beide Stücke finden sich auch im ersten Band der „Deutschen Schaubühne zu Wienn nach Alten und Neuen Mustern" (1749), ebenso wie der „Britannikus", der im fünften Band (1754) enthalten ist. Diesem fünften Teil der Wiener Schaubühne geht eine „Vorrede" voraus, welche u. a. auch eine kurze Inhaltsangabe des „Britannikus" enthält und nach E. Menzel von Stüven selbst für die Theaterzettel „zum besseren Verständnis" verfaßt ist. Menzel[91] hat diese und einen Teil der Übersetzung (II, 2) aus der Wien. Schaub. wieder abgedruckt. Ob von dem letzteren Stück auch eine Sonderausgabe erfolgte, ist mir unbekannt. —

[86] (Lpz. 1739) XXII, S. 349.
[87] a. a. O. XCIII, S. 805.
[88] Eschenburg, S. 16.
[89] II, Zusätze S. 289. Phädra und Hippolitus, ein Trauerspiel aus dem französischen des Racine von Stüven übersetzt. 8.
[90] I, 4. Abschn., S. 328. Der Graf von Essex, ein Trauerspiel aus dem franz. des Corneille übersetzt, von L. Pet. Stüven. Wien 8vo. — Anmut. Gelehrf. (1751) I, S. 384.
[91] Menzel a. a. O., S. 169 ff.

Der Wert dieser, vornehmlich der vier ersten Übersetzungen ist gering, von den Zeitgenossen indessen meist nicht ohne Anerkennung beurteilt. Bielfeld[92] rühmt von Stüven: „il traduisit en peu de temps, avec autant d'élégance que de fidélité: il a été imité depuis par plusieurs de ses Compatriotes." Die Niedersächs. Nachr. erklären sie für „insgesammt wohlgerathen" und fügen hinzu, sie seien „mit allgemeinem Beyfall von der Neuberischen Gesellschaft etliche mahl" in Hamburg aufgeführt worden, während Schütze[93] sie „verwässert und schlecht gereimt, doch für das Zeitbedürfniß brauchbar" nennt. Der letztere hat damit ungefähr das Richtige getroffen, wenn Stüven auch von dem Vorwurf unreiner oder „schlechter" Reime freigesprochen werden muß. Die französische Grazie und Liebenswürdigkeit ist einer platten Unbeholfenheit gewichen; von der poetischen Anschaulichkeit des Originals ist nichts zurückgeblieben als eine nüchterne versifizierte Prosa, schiefe Bilder laufen in Menge unter. Die Übersetzungen der vier ersten Stücke sind mehr als frei geraten und die Vorlage häufig kaum dem Sinne nach richtig wiedergegeben. Ich werde unten an einigen Beispielen aus dem „Grafen von Essex" zeigen, wie Stüven zu übersetzen pflegt. Hier sei im allgemeinen nur so viel bemerkt, daß er vor allem die Sprache nicht genügend beherrscht, um seinen Alexandrinern den stolzen Schwung z. B. eines Behrmann verleihen zu können. Sie lesen sich schwer, und häufig stolpert man über Wortentstellungen, welche er vornimmt, um die nötige Silbenzahl des vorgeschriebenen Versmaßes herauszubekommen. Ein paar Beispiele solcher Wortverrenkungen führe ich an: Die Form „Ungelück" erscheint mehrere Male; „den" für denen; „Fürcht man" für fürchtet man (Britannikus); ferner „verbottne Triebe"; „unglücklichs Haus"; „mit gnädgen Augen"; „Schaur" für Schauder; „Du nehrst das Feur"; die Form „gnug" findet sich oft; „vor" und „eh" für vormals, einst; „ich g'stehe" u.s.f. (Phädra).

[92] Progrès etc., S. 246.
[93] a. a. O., S. 234.

Trotz dieser und anderer Mängel haben sich Stüvens Übersetzungen eine lange Reihe von Jahren auf der Bühne lebendig
erhalten, und mit Behrmanns beiden Originalen halfen auch Stüvens
Übertragungen die Reform durchführen. Die Neuber gab während ihres
langen Hamburger Gastspiels im Jahre 1735 den „Brutus" sieben-, den
„Britannikus" drei- und den „Graf von Essex" viermal. Eine Wiederholung des „Britannikus" am 5. Decbr. 1735 als Abschiedsvor-
stellung wurde wegen der anzüglichen und provocierenden Sprache
des Theaterzettels vom Hamburger Senat verboten, infolgedessen
die Neuber Hamburg „nicht ohne großen und durch den Aufwand
für die letztmalige Vorstellung vergrößerten Schaden verließ."[94] In
der Herbstmesse 1736 und Ostermesse 1737 giebt sie in Frankfurt
a. Main auch den „Brutus" und „Britannikus"[95], in denen natürlich zu Gottscheds Ärger die Helden in Perrücke und Zwickelstrümpfen,
die Heldinnen im Reifrock und hochgetürmter Puderfrisur erschienen.
Interessant ist auch der ebenda abgedruckte Zettel vom 9. Novbr.
1736, insofern nämlich, als wir erfahren, daß der „Britannikus" von
Koch, der „Nero" von Suppig, die „Agrippina" von der Neuber,
die „Junia" von Kochs Frau gespielt wurden.[96] Der „Essex" war es
dann, mit welchem sie ihr kurzes Gastspiel in Hubertusburg[97] am
5. Novbr. 1737 abends 7 Uhr eröffnete, wo bekanntlich Adam
Gottfried Uhlich in ihre Gesellschaft — zuerst freilich nur als
Komödien- und Partienschreiber — eintrat. Die letzte Vorstellung
der Neuber im Jahre 1738 (4. Septbr.) bringt den Hamburgern
die frisch übersetzte „Phädra" mit einem nach Schütze „dem Senat
geweihten Vorspiele" (Die Verbindung der vier Jahreszeiten); v.

---

[94] v. Reden-Esbeck, S. 191; Schütze, S. 228 ff.

[95] Mentzel, S. 164; s. auch den ebenda S. 169 abgedruckten Brief.

[96] S. 426. Diese Rollenbesetzung beruht keineswegs auf bloßer Vermutung, sondern gründet sich, wie E. Mentzel mir in dankenswerter Weise mitteilte, „auf zeitgenössische archivalische und gedruckte Quellen", die leider wegen Mangels an Raum bei der Publikation des Buches nicht alle angegeben werden konnten.

[97] v. Reden-Esbeck, S. 222 ff.

Reden-Esbeck hat den betreffenden Zettel (S. 234) wieder abdrucken lassen. Am 11. Octbr. 1745 eröffnet sie mit dem „Britannikus" ihre Bühne in Frankfurt a. M., was wir aus einem Briefe des Fried. Melch. Frhrn. von Grimm an Gottsched erfahren. In Leipzig wird am 5. Juli 1748 der „Brutus" von der Neuber vorgestellt, am 26. Mai in der bekannten Studentenvorstellung und am 10. Oktbr. der „Graf von Essex", am 17. d. M. „Phädra" u. s. w. — Der „Essex" war auch eine Lieblingsrolle Schönemanns, an welche Erinnerung sich eine interessante Episode knüpft. „Die Herzogin von Mecklenburg-Schwerin, eine Freundin und feine Kennerin des Schauspiels", erzählt Schütze hierüber, „sah zu ihrem Verdruß oft in Schwerin, oder wenn sie in Hamburg war, wie Sch. den Essex verhunzte." Als sie ihn einst fragte, weshalb er diese Rolle nicht einmal von Ekhof spielen lasse, soll er hastig geantwortet haben: „Ihn den Essex? Ihro Durchl. ich möchte lieber in Ihrem Dömitz vier Wochen auf Wasser und Brod sitzen, als meinen Essex an Ekhof überlassen", und nach wie vor „seinen Essex" gespielt haben. Noch aus dem Jahre 1756[98] berichtet derselbe Gewährsmann von ihm: „Schade um ihn, daß er auch immer noch durch den Essex seinen Ruhm als komischer Akteur verdunkelte." Schuch[99] und Koch[100] gaben „mitunter" den „Essex", und Ackermann spielt noch am 2. Jan. 1766 „Phädra und Hippolytus" nebst einem „Eimsbüttelballet" in dem neuen, von ihm auf seine Kosten erbauten Schauspielhause[101] am Gänsemarkt.

Schon die wenigen hier nachgewiesenen Aufführungen bezeugen, welcher Beliebtheit die Stüvenschen Verdeutschungen im allgemeinen und der „Essex" im besonderen sich bei den Zeitgenossen zu erfreuen

---

[98] 29. Jul. und 13. Septbr. 1756.
[99] 20. Febr. 1756.
[100] 29. Jul. und 1. Septbr. 1755.
[101] Eine zeitgenössische Beschreibung desselben findet sich in den „Unterhaltungen" (Hamb., M. Chr. Bock. 1766) II, S. 164—166.

hatten. Für uns sind heute allein noch zwei Stücke von einigem Interesse, das eine „Der Graf von Essex", weil er noch auf dem Hamburger Nationaltheater gespielt (4. Juni und 15. Juli) und von Lessing dazu benutzt wird, um daran die Polemik gegen Corneille in der „Hamburgischen Dramaturgie" anzuknüpfen; das andere, die „Alzire" — über deren Aufführungen ich noch unten in Kürze berichten werde —, weil sie den Anlaß zu dem schon länger vorbereiteten Bruch Gottscheds mit der Neuberin bot.

Auch Lessing[102] berührt die häufigen Aufführungen des „Essex" in seiner Dramaturgie (22. Stück): „Dieses Trauerspiel ist fast das einzige, welches sich aus der beträchtlichen Anzahl der Stücke des jüngeren Corneille auf dem Theater erhalten hat. Und ich glaube, es wird auf den deutschen Bühnen noch öfter wiederholt, als auf den französischen"; und im 24. Stück urteilt er: „Der Styl ist in der Grundsprache schwach; in der Übersetzung ist er oft kriechend geworden. Aber überhaupt ist das Stück nicht ohne Interesse und hat hier und da glückliche Verse, die aber im Französischen glücklicher sind, als im Deutschen." Um dieses Urteil Lessings zu verstehen, ist es nötig, daß wir das Original mit der Übersetzung Stüvens in einigen Punkten wenigstens vergleichen. Die beiden mir vorliegenden Texte, nämlich derjenige der Hamburger Sonderausgabe[103] von 1747 und derjenige der Wiener Schaubühne[104] von 1749, weichen beträchtlich von einander ab, doch darf man vielleicht annehmen, daß dem Nachdruck der Wien. Schaub. jener von Goedeke angeführte Wiener Sonderdruck von 1748 zu Grunde gelegt

---

[102] Hempel VII, S. 150 und 157.

[103] Der | Graf | von Essex | ein Trauerspiel | aus dem französischen des Herrn C. | Corneille übersetzt | von | Herrn P. v. Stüven, | Hochfürstl. Bareuthischen Hof- und Regierungs- | Rath. | Hamburg, | in der Rugischen Handlung, 1747.

[104] Der | Graf von Essex. | Ein Trauerspiel, | aus dem französischen des Herrn Thomas Corneille | übersetzet | von | Herrn L. Peter Stüven | aus Hamburg.

ist. Im allgemeinen sind aber die Änderungen der Wien. Schaub. keine glücklichen und oft nachweislich durch Flüchtigkeit veranlaßt. Interpunktion und Orthographie sind entschieden besser und richtiger in der von Stüven überwachten Hamburger Ausgabe. Dem Druck der Wien. Schaub. geht der herkömmliche „Vorbericht" (Inhaltsangabe) vorauf; das Personenverzeichnis ist uns heute besonders interessant, weil es uns auch die Namen der Schauspieler überliefert, welche den „Essex" in Wien aufführten: „Elisabeth" = Fr. Maria Anna Nuthin; „Henriette, Fürstin von Irton, des Essex Geliebte" = Jgfr. Christiana Friedr. Lorenzin; „Der Graf von Essex" = Koch; „Salisbury" = Heydrich u. s. w. Inhaltsangabe und Schauspielerverzeichnis fehlen in der Hamburger Ausgabe.

Abgesehen von ungeschickten, des Metrums wegen vorgenommenen Wortabkürzungen, die auch im „Essex" zahlreich vorkommen („verläumdt"; „geacht"; „getracht", „barbarsch"; „schuldge"; „aus vorger Gunst", eine Wendung die mehrere Male erscheint; „gerett" für gerettet, woraus dann die Wien. Schaub. ein „gerett't" macht; sie „rufften ihn" u. a.), macht sich bei Stüven besonders die Tendenz, den Ausdruck zu verstärken, störend geltend. Das schwache aimer wird bei ihm zu „buhlen"; amour wird regelmäßig durch „Glut", „Feuer", „Brand" gegeben. Oft ist somit der ganze Sinn verändert. Es ist vielleicht kein Vers im ganzen Stück, dessen Übersetzung nicht beanstandet werden könnte. Ich gebe ein paar Beispiele und bemerke, daß ich die Abweichungen der Wien. Schaub. in der Regel in Parenthese beifügen werde.

Akt I.

Die Verse:

Mais enfin apprenez par quels motifs secrets
Elle s'est immolée à mes seuls intérêts[105]

---

[105] Ich citiere nach der Ausgabe: Théâtre Français. Repertoire complet. Th. Corneille. Edition-Touquet. Paris. Imprimerie de A. Berlin. 1821.

erscheinen bei Stüven plump und schwerfällig in der Form:

„Hör' das Geheimniß an; es ist darum geschehen,
Weil Henriette mich nicht wollte fallen sehen!",

und platt und absurd klingt es geradezu, wenn die Worte:

Lo duc . . .
De l'aimable Henriette était déjà l'époux.

mit:

„Der Fürst . . .
Hatt' Henrietten weg, und ward mit ihr vermählet."

übersetzt werden, welches „ward" indessen von der Wien. Schaub.
in ein besseres „war" abgeändert wird. Unpsychologisch ferner ist
es, wenn Stüven die selbstbewußten, aber vorsichtigen und wohlberechneten Verse des Grafen Essex bei Corneille:

L'avis m'est favorable:
Mais comme l'amitié vous rend si charitable,
Depuis quand et sur quoi vous croyez — vous permis
De penser que le temps ait pu nous rendre amis?
Est-ce que l'on m'a vu, par d'indignes faiblesses,
Aimer les lâchetés appuyer des bassesses,
Et prendre le parti de ces hommes sans foi
Qui de l'art de trahir font leur unique emploi?

in die Worte faßt:

„Die Warnung nehm ich an,
Soweit, als ich bey Dir der Freundschaft trauen kann.
Allein, was denkst Du denn, wie kann ich Dir vergönnen
Dich meinen treuen Freund so unverschämt zu nennen?
Wann ging ich einen Bund mit solchen Leuten ein,
Die niederträchtig, falsch und sich der Bosheit weihn?
Die Billigkeit, Gesetz und Pflicht, und Recht verlachen,
Und sich durch andrer Fall allein ihr Glücke machen?"

Akt II

ist besonders frei behandelt. Das einfache

Quoi! pour ses ennemis vous vous intéressez

wird verstärkt in:

So denkst Du (Beschließt Du) Dem, der ihn verfolget beyzustehen?", und die ganz allgemein gehaltenen Worte Céciles:

> je le suis des traîtres
> Dont l'orgueil téméraire attente sur leurs maîtres;

werden von Stüven präcisiert und lauten:

> „Ich bin nur denen Feind,
> Aus deren Handlungen die Kronensucht erscheint;"
> (Den selber der Besitz der Crone nöthig scheint.)

Die Scene V des Corneille hat der Übersetzer mit in seinen Vierten Auftritt hineingezogen. Die anmeldenden Worte Tilneys: Le comte est là, madame, werden mit „Der Graf kommt hier (tritt itzt) herein" wiedergegeben, infolgedessen die Übersetzung von Qu'il entre mit „Er komme" keinen rechten Sinn mehr hat. Das einfache doit craindre ma vengeance kleidet Stüven in ein ungeschicktes Bild: „Die Hand trägt auch gegen Dich das schärfste Richt(Rach-)schwerd" ein, während der selbstbewußte, stolze Ausruf des Grafen: J'accepterais un pardon! moi, madame! bei Stüven als störrischer, strafenswerter Eigensinn erscheint: „Nein nimmermehr nehm ich Vergebung an." Obwohl der hamburgische Jurist sonst gern die Ausdrücke verstärkt, hat er die Worte Qui cherche votre mort in „Deine Neider" abgeschwächt, was aber die Wien. Schaub. wieder in „Der Dich stürzen will" verbessert. Leider sind auch im 6. resp. 5. Auftritt mehrere Male die originalen Präterita in sinnstörende Präsensformen umgewandelt.

Akt III.

Abgesehen davon, daß Stüven die Worte:

> ... il est temps d'avoir soin de ma gloire;
> Il est temps que mon cœur, justement irrité,
> Instruise l'univers de toute ma fierté

dem Sinne nach sehr frei umändert in:

> „Mich ruft mein eigner Ruhm: Es ist die höchste Zeit,
> Itzt ist es Zeit, der Welt mein großes Herz zu zeigen;
> Die Rache rede nur; itzt muß die Liebe schweigen."

und aus Lo plus hardi s'étonne ein „Du hörst, der Donner kracht" macht, was die Wien. Schaub. seltsamer Weise gar in „Du siehsts, der Donner kracht" umgewandelt hat; findet sich die umfassendste Abweichung vom Original im Vierten Auftritt dieses Aktes. Die leidenschaftlichen Worte der Königin Elisabeth, in denen sich die Eifersucht gegen die Nebenbuhlerin und in ihr das in seiner Liebe aufs Empfindlichste verletzte Weib offenbart, die Verse:

> Il a trop mérité l'arrêt qui le punit;
> Innocent ou coupable, il vous aime, il suffit.
> S'il n'a point de vrai crime, ainsi qu'on le veut croire,
> Sur le crime apparent je sauverai ma gloire;

fehlen in der Ausgabe von 1747 auffälligerweise ganz. Die Wien. Schaub. hat die korrumpierte Stelle allerdings der Anzahl der Verse nach wiederhergestellt, aber man höre!

> „Er hat den Tod verdient. Und hätt er nichts verbrochen,
> So hätt ihm Deine Lieb das Leben abgesprochen.
> Und bildet ich mir sonst, er sey unschuldig, ein:
> So muß er meinem Ruhm doch itzo schuldig seyn."

Der Vollständigkeit wegen füge ich auch noch ein paar Proben aus den beiden letzten Akten bei.

Akt IV.

Wie sorglos der Hamburger Licentiat Präsens und Präteritum und damit den Sinn überhaupt ändert, zeigt auch die Stelle: Elle m'aima, sans doute, welche er mit „Ja wohl, sie liebet mich" übersetzt hat, was aber die Wien. Schaub. in das richtigere „sie liebte mich" wieder umgewandelt hat. Auch die Worte des edlen „Salsburi":

> Allez de votre sang faire rougir les flots,
> Allez dans les combats où l'honneur vous appelle;
> Cherchez, suivez la gloire, et périssez pour elle.

mißdeutet der Übersetzer, wenn er sie interpretiert:

> „bemühe Dich. Dein Leben
> Zum Wohl des ganzen Reichs (Vaterlands) in Schlachten aufzugeben;
> Die Ehre winkt Dir schon, laß Meer und Erde sehn,
> Du wissest ohne Furcht (Als Sieger wissest Du) in Deinen Tod zu gehn."

Auch in diesem Akt hat Stüven einen Scenenwechsel vorgenommen: Die 4., 5. und 6. Scene Corneilles hat er in einen einzigen, den Vierten Auftritt zusammengeschmolzen; und für die kurzen, dramatisch packenden Ausrufe der Fürstin:

> Sur l'échafaud! Ah! ciel! quoi! pour toucher votre ame
> La pitié... Soutiens-moi...

hat er nur die farblosen, schwächlichen Worte:

> „So gehst Du aufs Schavott? o Himmel! rette Dich
> Aus Mitleid... ich vergeh..."

Man beachte wohl, wie aus dem ersten Aufschrei der Angst eine ruhige Frage geworden ist! Ferner erscheint die Fürstin bei Corneille mit Gefolge; Stüven läßt sie ohne dieses auf die Bühne kommen, weshalb er nun zu den Worten Prenez soin do ses jours die Anmerkung macht: „Dieses redet er in die Scenen, als wohin er die Fürstin bringt, zu ihrem Gefolge; und geht hernach mit der Wache an der andern Seite der Thüre ab" — eine Änderung, die geeignet ist, einiges Licht auf die damals übliche konventionelle Art und Weise der Darstellung dieser Scene, wo die Fürstin bei ihren Worten Soutiens-moi ohnmächtig werden soll, zu werfen. Auch im

Akt V

hat Stüven, um mit dieser Äußerlichkeit zu beginnen, die 2. und 3. Scene in den Zweiten und die 7. und 8. Scene Corneilles in den Sechsten Auftritt zusammengezogen. Aber wie geziert und brutal zugleich klingt es, wenn er die an Elisabeth gerichteten Worte der Fürstin

> Oui, madame; et je crains bien, hélas!
> Que ce moment ne soit celui de son trépas.

interpretiert mit:

„Ja, ich muß schon bange (leider) Sorge tragen,
Es sey ihm itzt der Kopf schon wirklich abgeschlagen."
(Ihm sey den Augenblick der Kopf schon abgeschlagen.)

Als aber dann Tilney der Königin die Gewißheit von der soeben stattgehabten Hinrichtung bringt, da findet Stüven für den Ausbruch ihrer Verzweiflung:

Pleignez-vous, éclatez: ce que vous pourrez dire
Peut-être avancera la mort que je désire —

nur die recht abgeschmackten und platten Worte:

„Ich selbst verdamme mich; vielleicht bringt bald der Tod
(Beklag, beschwehre Dich. Vielleicht bringts bald den Tod.)
Das Ende meiner Schmach; das Ende meiner Noth."

Verständnislos hat der Verdeutscher auch den schuldbewußten Aufschrei der Königin Le comte ne vit plus! in eine Frage an den eintretenden Salsbury umgewandelt, und der reuigen Königin genügt das ihr von Corneille in den Mund gelegte Epitheton injuste nicht, sondern sie heißt sich selbst eine „Barbarsche (Tyrann'sche) Königin." Endlich ist in der Übersetzung auch der anschauliche und zur Teilnahme herausfordernde Bericht Salsburys über des Grafen Tod:

Il se met à genoux; déjà le fer s'apprête;
D'un visage intrépide il présente sa tête,
Qui du tronc séparée . . .

trotz des mit technischem Verständnis beibehaltenen lebhafteren Präsens zu sehr verblaßt, um noch wirksam zu sein:

„Graf Essex kniet hin, und hält voll Grosmut still
Als ihm das Henkersbeil das Leben nehmen will.
Der Kopf fliegt weg . . ."

Leider hat die Wien. Schaub. aber für das dramatische Präsens die matte Imperfektform eingesetzt, wodurch der Bühnenwirksamkeit natürlich erheblich Abbruch gethan wurde. —

War somit der künstlerische und poetische Wert der Essex-Übersetzung — mit dem Original verglichen — ein recht geringer, so hinderte dieser Umstand nicht, daß Stüvens dramatische Arbeiten „in jener Kindheitsepoche des Deutschen Theaters" doch höchst verdienstliche Bestrebungen waren. In sonderlich erhöhtem Grade gilt dies aber von Voltaires „Alzire", welche die letzte und jedenfalls gelungenste seiner Übersetzungen ist. Das dem Hamburger „höchstansehnlichen" Syndikus Johann Julius Surland gewidmete Werk[106] ist von Lamprecht herausgegeben und mit einer „Vorrede" begleitet worden. Es erschien anonym. Lamprecht hat den Freund zu der Übersetzung „aufgemuntert", welche „nur denenjenigen mißfallen wird, für welche sie nicht geschrieben worden." Nach diesen Worten, welche am neunzehnten September 1739 geschrieben sind, scheint es fast, als ob der Herausgeber schon um die ärgerlichen Vorgänge, welche eben jetzt in Leipzig zwischen Gottsched und der Neuber um eben diese Stüvensche „Alzire" sich abspielten, gewußt habe; wenngleich er sich am Schluß das „Vergnügen" nicht versagen kann, zu „bemerken, daß unsere Schaubühne eine ganz andere Gestalt gewonnen hat" und „es gegenwärtig bloß auf uns ankommt, sie zu dem Ansehen zu verhelfen, zu welchem sie in Frankreich und in England gestiegen ist."

Die Übersetzung sowohl des Schreibens Voltaires an die Marquise von Chastelet, als des Vorberichtes ebendesselben zur „Alzire" rühren gleichfalls von Lamprecht her. Beide fehlen in der Übersetzung der Frau Gottsched, welche letztere einmal den dritten Band der Deutschen Schaubühne (Leipzig, 1741) und dann den dritten Teil der Wiener Schaubühne (Wien, 1752) einleitete. Der Text der letzteren ist ein getreuer Abdruck aus der Schaubühne Gottscheds, dessen „Genauigkeit" so weit geht, daß sogar Druck- oder Korrekturfehler (z. B. IV, 1, wo einmal die abwesende „Alzire" statt des „Alvarez" das Wort ergreift. S. 42) gedankenlos mit abgesetzt werden.

Die Zeitgenossen, über deren Urteile ich noch unten einiges bringen werde, haben bekanntlich viel über den Wert oder Unwert der Gottschedischen Arbeit gestritten. Bodmer ergreift natürlich freudig wieder einmal die Gelegenheit, sich über das Werk der ge-

---

[106] Alzire, | oder | die Americaner | aus dem | französischen | des | Herrn von Voltaire | übersetzt. | Hamburg, bey Felginers Wittwe, und Bohn. 1739.

schickten Freundin lustig zu machen, obgleich er dasselbe noch gar nicht kennt. Unterm 6. Septbr. 1744 schreibt er an Hagedorn[107]: „Wie es scheint, so haben die frankfurtischen Berichte den Hrn. Zink zum Verfasser (171. St.!) . . . Und wie stimmt es mit der so feierlich angenommenen Neutralität überein, wenn gestanden wird, der Sinn des Voltaire sey weit besser in der Stüven'schen Übersetzung der Alzire getroffen, aber gleich hinzugefügt wird, daß die Stüven'sche unerträglich sey? Die Schweizer hätten nur gesagt, diese sey besser. Der Kunstrichter bekennt es, und sagt dem ungeachtet, sie sey unerträglich. Wie muß denn da die Gottschedische aussehen?"

Was nun den Wert dieser beiden Übersetzungen anlangt, so darf man gewiß die hamburgische vorziehen. Wenn aber auch die Zeitgenossen zumeist dies gethan haben, so ist auf diesen Umstand allerdings kein zu großes Gewicht zu legen, denn Gottscheds Ansehn war damals schon nicht mehr unangetastet geblieben. Abgesehen davon, daß Stüven es hier — im Gegensatz zu seinen früheren Arbeiten — vermieden hat, seine Verse durch Zerhacken der Wortsilben ungenießbar zu machen und ihren Rythmus zu beeinträchtigen (obgleich nicht geleugnet werden soll, daß auch hier vereinzelte Formen wie „feu'r", „bill'gen", „gnug", „Gnüge", „Ungelücken", „unglücklich's" leicht hätten ausgemerzt werden können), liegt über der „Alzire" sogar etwas von dem Reiz und Geist des Originals, ein poetischer Hauch, der seinen anderen Werken mit ihrer wässerigen Sprache völlig fremd war. Die kräftige, energische Diktion in der „Alzire" läßt Schützes Ausspruch, die Übersetzung sei „lahm", ungerechtfertigt erscheinen, denn auch der Sinn des französischen Vorbildes ist zweifellos richtiger und besser wiedergegeben als von Frau Gottsched. Diese macht viel zu viel Worte, um das Original knapp und koncis erfassen zu können. Ein Beispiel für viele! Aus den vier Versen der Dritten Scene des Ersten Aktes:

---

[107] Eschenburg, S. 174.

Dieu, destructeur des dieux que j'avais trop servis,
Protège de mes ans la fin dure et funeste!
Tout me fut enlevé, ma fille ici me reste;
Daigne veiller sur elle, et conduire son cœur![106]

macht Frau Gottscheb, nicht ohne den Sinn zu verändern, sechs
Alexandriner:

„O Herr! Vor dem mein Herz in reger Andacht brennt!
Ach schaffe, daß dein Trost die bange Furcht zertrennt,
Die meine Seele nagt! Ach! laß mich nicht vergebens,
Dir zugefallen seyn! Den Trost des matten Lebens,
Alziren, hab ich noch. O stehe Du ihr bey!
Und gieb, daß ihr Entschluß des Unglücks Ende sey!"

Stüven faßt sich knapper und behält auch die originale Reimbrechung,
welche diesen mit dem vorigen Auftritt äußerlich verbindet, bei:

„Der du die Götter stürzst, vor die ich mich gebückt,
O Gott! du wirst ja nicht mein Alter mehr betrüben!
Man nahm mir alles weg, mein Kind ist mir geblieben,
Des Willen lenke du, diefz Kind befehl ich dir!"

Von derartigen Willkürlichkeiten aber abgesehen ließ sich auch
die Gottschedische Übersetzung gar nicht übel; freilich kommen auch
hier Wortverstümmelungen wie „redt", „stirbet", „leugt", „verblendte",
„zur Gnüge" mehrfach vor, und namentlich macht sich beim Lesen
die Betonung ihres Lieblingswortes „Barbar" auf der ersten Silbe
störend geltend, was nicht weniger als 14-mal vorkommt. Auf-
fällig ist auch das heute nicht mehr sprachgebräuchliche Wort „Lin-
digkeit", welches Stüven zumeist mit „Güte" zu geben pflegt.

Ist somit also auch die Leipziger Übersetzung keineswegs
unerträglich, so ist es doch sehr wohl zu begreifen, weshalb die zeitgenössischen Bühnen — mit wenigen Ausnahmen — sich kurzweg
für die hamburgische entschieden. Die kraftvolle, oft packende
Sprache, welche den „Witz" des Originals in derselben Anzahl von

---

[106] Ich citiere nach der Ausgabe: Oeuvres complètes de Voltaire.
Tome second. A Gotha. Chez Charles-Guillaume Ettinger, Libraire. 1784.

keineswegs „hinkenden" Versen anschaulich wiedergab, war für die Aufführung entschieden geeigneter, als die wortreiche und freier gehaltene der Frau Professor, welche indessen für diese Mängel — wohl auf Wunsch des gestrengen Gatten — dem Personenverzeichnis Voltaires theoretisch-ängstlich die Bemerkung anfügt: „Die Handlung fängt an gegen Mittag, und dauert bis in die Nacht." Die Einteilung der Scenen und Akte, welche letztere Stüven „Handlungen" heißt, sind originaltreu von beiden beibehalten, die Fußnoten des französischen Textes (geschichtl. Daten enth.) dagegen von beiden fortgelassen. —

Ich muß hier, um den Nachdruck, welchen Gottsched auf die „Alzire" seiner Frau legt, gebührend zu würdigen, ein wenig weiter ausholen. Schon vor Stüven (1738) war das Voltairesche Drama mit einer Übersetzung bedacht worden[109], welche von Gottsched erfreut und gut beurteilt, doch für unsern Zweck bedeutungslos ist. Als dann aber im nächsten Jahr (1739) Stüven die seinige herausgiebt, läßt sich Gottsched schon vorsichtiger vernehmen und hält in gleicher Weise mit Lob und Tadel zurück: „Dieß ist nun schon die andere Übersetzung dieses Trauerspiels. Wir vermuten noch eine dritte und alsdann würde es nicht ohne Nutzen seyn, diese verschiedenen Arbeiten mit einander zu vergleichen. Wir enthalten uns also billig bey dieser Alzire diejenigen Erinnerungen zu machen, die sich sonst gar leicht machen ließen, wenn man nach der Schärfe damit verfahren wollte."[110] „Grade um eben die Zeit"[111] nun ist Frau Gottsched mit jener dritten Verdeutschung fertig geworden, welche ihr und dem Gatten vielen Ärger in Bälde bereiten sollte.

[109] Des Herrn von Voltaire Trauerspiel, Alzire, oder die Amerikaner, genannt. In deutsche Verse übersetzt, und in einer Vorrede beurtheilt von Joh. Friedr. Koppen. Dreßden bey Hilschern 1738. — Vgl. auch Crit. Beytr. (Leipzig, 1738) XVIII, S. 343 u. 344.
[110] Crit. Beytr. (1739) XXII, S. 349; Anm. Gelehrt. (1751) I, 384.
[111] Reichard, Th.-Jl. XIII, S. 56 ff.

Gottscheds Chronologie der drei Alziren.

Als Gottsched diese dann 1741 — etwa anderthalb Jahr nach den ärgerlichen Vorgängen mit der Neuber — in seine Schaubühne einrückt, merkt man ihm seinen Grimm an, wenn er einleitend [113] darüber bemerkt: „Obwohl nun aber diese Uebersetzung am spätesten ans Licht tritt, so ist sie doch der Zeit nach, mit Recht die allererste zu nennen. Als der Herr Regiments-Quartiermeister Kopp, die seinige kaum angefangen hatte, entdeckte er mich(!) nach seiner Gewogenheit gegen mich, sein Vorhaben schriftlich; worauf ich ihn denn zwar zur Vollführung seiner Arbeit aufmunterte; aber zugleich meldete, daß meine geschickte Freundinn bereits mit der Hälfte dieses Trauerspiels fertig wäre. Sobald aber seine ersterwähnte Uebersetzung aus Licht trat, war diese Alzire vollkommen fertig: ob man sie gleich nicht eher zum Drucke bestimmt hatte, bis man eine Vorstellung(!) davon gesehen hätte; und also von der Güte dieser Arbeit ein reiferes Urtheil gefället haben würde. Die hamburgische Uebersetzung der Alzire betreffend, so ist selbige erst nach der Zeit, der ans Licht getretenen Koppischen Uebersetzung unternommen worden: und also ist es gewiß, daß diese, der Zeitordnung nach, die dritte gewesen, ob sie gleich schon vor etlichen Jahren im Drucke erschienen . . . Von dem inneren Werthe dieser dritten Alzire aber, überläßt man das Urtheil denen, die des französischen kundig genug sind, auch von der deutschen Dichtkunst einen feinen Geschmack haben, und alle drey Uebersetzungen damit vergleichen wollen. Wenigstens wird man der Uebersetzerinn keine gar zu freye Abweichung vom Grundtexte, keine undeutsche Ausdrückungen, keine gezwungenen Verse und keine niederträchtige Redensarten vorzurücken Ursache finden." Man merkt, daß hier ein schwer verletzter Mann spricht, der selbst zwar empfindet, wie seit einiger Zeit sein theatralischer Kredit erheblich gesunken ist, aber auf alle Weise bestrebt ist, seine Unfehlbarkeit aufrecht zu erhalten.

---

[113] Vorrede zum 3. Band d. D. Schaubühne datiert: Leipzig, den 6. Jul. 1741.

Soweit die Vorgeschichte!

Stüven hatte der Neuber bei ihrer Ankunft in Hamburg 1739 das Manuskript seiner Übersetzung gegeben, welche sie auch bereits am 14. Mai im Schauspielhaus am Gänsemarkt aufführt: "Alzire oder die Amerikaner. Dieses neue Stück ist aus dem Franz. des Mr. de Voltairo Schriften hier in Hamburg übersetzet. Es wird heute zum erstenmahle aufgeführet. Man hoffet, es werde von allen denjenigen, die es hören und sehen werden, grösseren Beyfall erhalten, als von denen, welche sich nur damit begnügen lassen, daß sie es einmahl überlesen haben." Diese Hoffnung ging glänzend in Erfüllung. Die "Alzire" fand vielen Beifall, wird sogleich am nächsten Tage (15. Mai) und in derselben Spielzeit noch fünfmal (3., 11. und 23. Juni, 17. Juli und 3. Aug. 1739) wiederholt, wobei auf den Zetteln meistens ausdrücklich "Auf Begehren" bemerkt wird. Schönemanns jugendschöne Frau, Anna Rachel, geborene Weigler hatte die Titelrolle inne (Mentzel, S. 163). Als die Neuber mit ihrer Truppe dann aber im September nach Leipzig übersiedelt, kommt der Streit zum Ausbruch, über welchen Reichard[113] das folgende berichtet: "In der Michaelismesse kam die Neuberinn nach Leipzig. Sogleich maßte sich Victoria das Recht an, zu verlangen, daß ihre Uebersetzung der Alzire vorgezogen werden sollte, und ihr Liebster unterstützte ihre Ansprüche kraft seines kritischen Monopolismus und des Ansehns, das er bey der Bühne erlangt zu haben glaubte. Man beneidete sich damals um Uebersetzungen, wie jetzt um Originale... Die Neuberinn war ihm zum erstenmahle ungehorsam. Die Uebersetzung der Gottschedin war augenscheinlich schlechter, und Victoria muthete den Schauspielern zu viel zu, da sie verlangte, daß sie deshalb alle Rollen umlernen sollten."

---

[113] Th.-Jl. XIII, S. 56 ff. Reichard hält sich an die mit seinem übereinstimmenden Berichte bei Löwen (Schriften, Hbg. 1765, 4. Theil, S. 27) und im "Hannöv. Magazin" (1768, S. 373), Schütze (Hbg. Theatergesch., 1794, S. 236) an Reichard.

Die Neuber war indessen schon einmal, in der Frage der von
Gottsched gebieterisch und unermüdlich geforderten Kostümtreue,
ihren eigenen Weg gegangen, welcher Umstand vielleicht zwar mehr
auf ihre Unkenntnis inbetreff der Trachten fremder Völker und
Zeiten und ihre beschränkten Geldmittel, aber ein wenig auch auf
eine sich schon früh bemerkbar machende, ungehorsame Selbst-
ständigkeit zurückgeführt werden muß.[114] Schütze sowie Reichard
sind der Ansicht, daß Kochs und Suppigs praktischer Rat in Schau-
spielerangelegenheiten bei der Neuber in dieser Zeit schon mehr galt
als der theoretische des Leipziger Professors. Das mag im wesentlichen
richtig sein, doch möchte ich mich Löwens Ansicht anschließen und
habe oben gelegentlich der Berührung des Harlekinunwesens bereits
darauf hingewiesen, wie sich allmählich das Band zwischen Gottsched
und der Neuber gelockert hatte. Bei diesem neuen Anlaß nun, den
die Ablehnung der „Alzire" bot, schlug der „schon vor ein paar
Jahren entglommene Zwist in helle Flammen" aus. Die Neuber
hat in der That später niemals die Übersetzung der Gottschedin
aufgeführt; jetzt kehrt sie gleich nach der Messe noch auf kurze
Zeit nach Hamburg zurück, um dann nach Rußland zu gehen.

Ich kann von Reden-Esbeck nicht beistimmen, welcher es erst
nach der Rückkehr der Neuber aus Rußland zum definitiven Bruch
mit ihrem Gönner kommen läßt. Ganz abgesehen davon, daß
sämtliche mir bekannte Quellen dieses denkwürdige Ereignis direkt
auf die Weigerung der Neuber, die Gottschedische „Alzire" auf die
Bühne zu bringen, zurückführen, heißt es auch Gottscheds schroffen
Charakter gründlich verkennen, wenn er ihr diesen offenen Ungehorsam
ohne weiteres hätte verzeihen sollen. Er war gewohnt in der Neuber das
Werkzeug zur Realisierung seiner Ideen zu sehen, und das war sie bisher
im großen und ganzen gewesen. Wenn er noch nicht offen mit ihr
brach und in einem Schreiben an Manteuffel vom 12. März 1740

---

[114] Vgl. darüber auch E. Mentzel a. a. O., S. 167.

ihren Fortgang nach dem Osten bedauert, weil „Deutschland wiederum ein Mittel den guten Geschmack zu befördern"[115] verliere, so wußte er ganz genau, was ihm die Neuber gewesen, war aber viel zu klug, den für ihn doch recht peinlichen Anlaß seines Streites mit ihr aller Welt offen zu bekennen. Da er annehmen mußte, daß die Neuber auf lange Jahre hinaus, vielleicht auf immer an den Hof der Kaiserin Elisabeth gefesselt sein würde, so konnte er sich unbedenklich in demselben Sinne bei der Ankündigung der „Deutschen Schaubühne"[116] äußern, was er denn auch wohlweislich gethan hat. Ebenso genau wußte aber auch die Neuber, daß die Verhältnisse sie auf immer von Gottsched getrennt hatten, und sie mit ihm verfeindet bleiben würde. Deshalb läßt sie sich bereits in Petersburg von dem im Auftrage Sachsens dort anwesenden Gehm. Rat Grafen von Lynar eine Empfehlung an den Grafen Brühl geben, in welchem sie diesen persönlichen Feind Gottscheds um seine Protektion für die Zukunft bittet, da sie zur Durchführung ihres Planes, sich „beständig" in Leipzig etablieren und auch außer den Messen einige Male dort spielen zu wollen, ihre ganze Hoffnung auf den Grafen Brühl setze. Es ist mir nach diesem Zeugnis mehr als zweifelhaft, daß, wie von Reden-Esbeck will, Gottsched nochmals der Neuber mit „Vorschlägen" betreffs der Kostümfrage gekommen sei, nachdem er bereits die Schönemannsche Gesellschaft „in Wort und Schrift zum Nachtheil der Neuber" erhoben hatte. Auf diesen gedachten zweiten Vorschlag Gottscheds führt der Biograph der Neuber auch den „Versuch", welchen die bereits Ostern 1741 aus Rußland heimgekehrte Prinzipalin mit dem dritten Aufzug des „sterbenden Cato" thatsächlich machte und in demselben den Leipziger Litteraturpapst in nicht gerade dankbarer Weise verhöhnte und öffentlich bloßstellte, und auf ihn den endgültigen Bruch mit der Neuber zurück. Hätte die letztere noch irgend welche Hoffnung gehabt, sich Gottsched wieder

---

[115] Vgl. Danzel, Gottsched u. s. Z., S. 137.
[116] Crit. Beytr. XXIII, S. 524.

zu nähern, so hätte sie es sicherlich unterlassen, ihn an seiner empfindlichsten Stelle zu reizen, vielmehr wäre sie gewiß jetzt, nachdem ihr auch das ergiebige Hamburg auf immer verschlossen war und sie aus Rußland mit schwerer pekuniärer Schädigung zurückgekehrt war, mehr als je zuvor geneigt gewesen, Gottschebs Forderungen, welcher Art sie auch sein mochten, blindlings zu erfüllen.

So unerheblich nun auch die Streiterei um die „Alzire" an sich erscheinen mag, so habe ich doch geglaubt, dieselbe eingehender berücksichtigen zu sollen, weil sowohl für die Neuberin im besonderen, als für Gottscheb im allgemeinen[117] dieser Zwist verderblich geworden ist. Beide haben ihre hartnäckige Handlungsweise später bitter bereut, denn sie waren gegenseitig viel zu sehr aufeinander angewiesen, als daß einer den andern entbehren konnte, wie das die Zukunft gelehrt hat. —

Von Schönemann, dem Erben der Gottschebischen Gunst, wird dann aber in der That die Übersetzung seiner Frau in der Ostermesse 1741 in Leipzig[118] „mit aller Geschicklichkeit und guten Anstalt" aufgeführt, aber „nach der Zeit," wie Löwen erzählt, „gleichfalls die Stüven'sche gewählt, und die Gottschebsche vergessen." Das ist nicht ganz richtig: Auch in Hamburg hat er sie z. B. am 4. Aug. 1741 noch gespielt, während die Neuber am 1. Decbr. desselben Jahres die Stüvensche „Alzire" in Leipzig[119] auf die Bühne bringt. Als Schönemann aber 1747 nach Hamburg wiederkehrt, wählt auch er diejenige Stüvens und führt sie am 18. April[120], 25. Mai und 13. Juni 1747 mit Namensnennung des Übersetzers

---

[117] Gervinus IV, S. 72.
[118] Vorrede zur Deutsch. Schaub. III, S. XIV.
[119] v. Reden-Esbeck, S. 266.
[120] Der Zettel trägt die lehrreiche Bemerkung: „Die Absicht des Stückes gehet also dahin, die Größe der Religion, und wie weit sie die Tugenden der Natur übersteige, an den Amerikanern begreiflich zuu machen."

auf, und Schütze fügt hinzu, daß der frühverstorbene Joh. Chr. Krüger, dessen dramatische Arbeiten Repertoirstücke in Hamburg waren, den „Zamor" in der Alzire „nicht schlecht gespielt haben soll" (S. 270). Ein erhaltener Hamburger Komödienzettel vom 14. Septbr. 1751 kündigt gleichfalls die „Alzire" an, ohne den Übersetzer zu nennen, doch kommt wohl in dieser Zeit bei Schönemann und Hamburg zweifellos diejenige Stüvens in Frage. Dasselbe gilt auch von den „auf dem neuerbaueten Theater an der linken Seite des Dragoner-Stalles" stattgehabten Schönemannschen Vorstellungen der „Alzire" (25. Jul. 1752; 10. Septbr. 1753; 1. Jul. und 20. Septbr. 1754; 14. Septbr. 1756) und denjenigen Kochs (3. Jun. und 4. Jul. 1755), obgleich auf allen diesen Zetteln der Übersetzer nicht namhaft gemacht wird.

Als aber Schuch, dessen Repertoire bis 1748 die extemporierte Komödie begünstigt hatte, im Anfang dieses Jahres mit Gottsched in nähere Beziehung tritt und ihn bittet, er möge ihn mit regelmäßigen Stücken unterstützen, da feiert auch die „Alzire" der Frau Gottsched ihre Auferstehung: 1748 und 1751 führte er das in Frankfurt a. M. sehr beliebte Stück dort auf.[121] Gottsched sorgte überhaupt mit der ihm eigenen Zähigkeit dafür, daß die Übersetzung seiner geschickten Freundin nicht in Vergessenheit geriet; wo er kann, drängt er sie in den Vordergrund: So registriert er auch 1752 mit großer Selbstgefälligkeit und vielem Eifer in der Anmuthigen Gelehrsamkeit[122]: „Die deutsche Alzire nun ist dreymal hintereinander aufgeführet worden: I. In Gegenwart aller fremden Botschafter und Gesandten am königl. spanischen Hofe; II. in Anwesenheit der vornehmsten spanische Grandes und III. auf Bitte, der spanischen Damen: da dann sonderlich der Saal so voll geworden, daß kein Apfel zur Erden gekonnt." Auch in Wien wird die Gottschedsche

---

[121] Mentzel, S. 212 und 223.
[122] II, S. 477.

Späte Wiederholungen der Gottschedischen Übertragung. 59

Arbeit vorgezogen und in dem kaiserl. königl. privilogirten Stadt-Theater zu Wienn" auf die Bühne gebracht. In dem von Gottsched ebenfalls in der Anm. Gelehrt.[123] gegebenen Verzeichnis der im Jahre 1755 am Zerbstischen Hofe aufgeführten Stücke erscheint am 7. und 22. Hornung und am 26. des Weinmonats auch die „Alzire", zweifellos in der Übersetzung der Gottschedin, obwohl Gottsched hier keinen Verfasser nennt. Eine von Meyer in seinem „Schröder"[121] angeführte Hamburger Vorstellung dieses Stückes aus dem Jahre 1754 und eine solche nebst einem nachfolgenden „Amerikanerballet" in Frankfurt a. M., mit welcher Ackermann am 12. April 1757 seine dortige Bude auf dem Roßmarkte eröffnete, lassen nicht erkennen, wer der Übersetzer war. Ebenso wird bei den Ackermannschen Vorstellungen der „Alzire" in den Jahren 1754, 1755, 1764 und 1765 der Übersetzer nicht genannt[125]. Wahrscheinlich aber ist es mir, daß Schuch einer Hamburger Alzire-Vorstellung am 9. Febr. 1756 den Text der Frau Gottsched zu Grunde legte. Am Kölnischen Gymnasium in Berlin endlich wurde der „völlige Beschlus dieser Art Schulluftbarkeiten mit der Alzire von Voltaire (nach der Gottschedin Übersetzung) 1762 unterm Rektorat des Joh. Friedr. Lüdecke gemacht."[126]

Eine zweifellose Aufführung der Stüvenschen „Alzire" in so später Zeit ist mir nicht bekannt, denn auch ein paar Zettel Kochs aus dieser Zeit (17. Septbr. 1762 und 1. Aug. 1763) verschweigen den Namen des Übersetzers. Doch macht dieser Überblick, der nur an die hauptsächlichsten Aufführungen der beiden Übersetzungen erinnern will, auf Vollständigkeit natürlich keinen Anspruch. —

---

[123] VI, S. 66.
[124] I, S. 71.
[125] Nach freundl. Mitteilung des Herrn Prof. Dr. B. Litzmann in Jena.
[126] Plümicke, S. 219.

3. Borkenstein und das Lokalstück.

Hatte somit vornehmlich durch die Bestrebungen Behrmanns, auf dessen eigenartige, bisher nicht genügend gewürdigte Bedeutung unter den Hamburger Dramatikern des vorigen Jahrhunderts besonders hinzuweisen mir Hauptzweck war, das Trauerspiel einen verhältnismäßig hohen Aufschwung genommen, so war es um das Lustspiel um so schlechter bestellt. Das hohe Trauerspiel ging unter Gottscheds Führung, wie wir gesehen haben, nicht nur in der Theorie auf den französisch gedeuteten Aristoteles zurück, sondern holte sich zumeist auch seine Stoffe aus dem Altertum. Bei der Komödie war die Sachlage eine ganz andere. Ein in sich abgeschlossenes, festgefügtes System von Regeln in altüberlieferten theoretischen Werken fand Gottsched nicht vor. Doch nicht nur diese, auch die Komödienschreiber der Franzosen verlassen ihn hier: Moliere bleibt von seinem Tadel nicht verschont.[127] Danzel[128] hat gewiß recht, wenn er sagt, daß Gottsched die „Beschäftigung mit ihr nicht vornehm genug erschienen" sei; denn wenn er auch im drei und zwanzigsten Stück der „Critischen Beyträge[129] gelegentlich der „Nachricht von der unter der Presse befindlichen deutschen Schaubühne" schreibt, die einzelnen Teile derselben würden allemal einen gleichen Inhalt, nämlich jeder drei Trauerspiele und drei Lustspiele, haben, so scheint daraus allerdings klar hervorzugehen, daß er die Tragödie in keiner Weise bevorzugt wissen wollte, aber wir müssen uns gegenwärtig halten, daß diese Ankündigung der Deutschen Schaubühne, welche ursprünglich den durch den Fortgang der Neuberin nach Rußland in seiner Reinheit gefährdeten „guten Geschmack" zu erhalten bestimmt war, erst im Jahre 1740 geschrieben und gedruckt wurde,

---

[127] Vgl. Paul Schlenther, Frau Gottsched und die bürgerliche Komödie (Berlin, Hertz. 1886), S. 133 und 134.
[128] a. a. O., S. 142.
[129] S. 526.

also zu einer Zeit, wo das Trauerspiel schon immerhin wenigstens einige würdigere Lebensformen als vor dem Auftreten Gottscheds aufzuweisen hatte. Gottsched hat sich thatsächlich zuerst der Komödie fern gehalten. Sei es, daß ihm die Beschäftigung mit derselben unter seiner Würde erschienen wäre, sei es, daß er fürchten mochte, der eben so hartnäckig verfolgte wie zählebige Harlekin möchte in der Komödie eine festere Position gewinnen, sei es, daß eine so pedantische und witzlose Registratornatur, die Gottsched nun einmal war, in dem gänzlichen Mangel jeglichen Humors und gemütvoller Laune seine eigene Unfruchtbarkeit auf diesem Gebiete der Poesie besonders peinlich empfinden mochte[130] — genug, erst viele Jahre später, als der Harlekin nach seiner Meinung endgültig auf der von ihm inspirierten Bühne verschwunden ist, wendet er seine Aufmerksamkeit dem bis dahin vernachlässigten Gebiete zu. So bemerkt er denn 1740 in dem gedachten Bericht, nachdem er eine große Anzahl auf der Neuberschen Bühne aufgeführter „wahrhafter Trauerspiele nach Art der Alten, und neuern Franzosen" aufgezählt hat, im Vorübergehen: „Von der Comödie ist so viel zu merken, daß auch diese ganz von dem alten Wuste gereiniget, und so weit gebracht worden, daß man auf der neuberschen Bühne weder den Harlekin, noch Scaramutz, noch die andern Narren der Welschen, mehr sieht oder nötig hat, die doch Moliere in seinen

---

[130] Gottsched hatte zwar um die Mitte der zwanziger Jahre Fontenelles „Endymion" übersetzt und in seine Übertragung ein von der Haupthandlung getrenntes Zwischenspiel von mehreren komischen Scenen eingerückt, und 1730 versuchte er, im Kampfe gegen König, St. Evremonds Lustspiel „Die Opern" zu bearbeiten, dessen Handlung er wegen der Nachbarschaft mit dem opernfreundlichen Hamburg nach Lübeck verlegte — ein Grundsatz, den auch die Gottschedin bei Übertragung fremdsprachiger Theaterstücke gern befolgte. Ein Decennium später hat dieselbe auch diesen Torso vervollständigt. Für Gottsched selbst wollen diese Versuche um die praktische Hebung des Lustspiels indessen nichts bedeuten; sie geschahen in einer so frühen Zeit, als er sich über Umfang und Art seiner späteren Thätigkeit als Reformator noch mehr als unklar war. Vgl. hierüber: Creizenach a. a. O., S. 28 und 29.

Comödien nicht gänzlich vermieden."[131] Nun wohl, der Harlekin war, als Gattung wenigstens, von der Neuber verbannt, aber 1740 stand es mit dem deutschen Lustspiel trotzdem noch sehr schlecht.

Vor dieser Zeit, im Anfange der dreißiger Jahre wurde das Bedürfnis nach Lustspielaufführungen durch Übersetzungen aus dem französischen, namentlich des Destouches und Moliere, befriedigt, welche aber nur in ungedruckten Exemplaren unter den Schauspielertruppen verbreitet waren. Louise Adelgunde Victoria Gottsched, geb. Kulmus hatte zwar schon 1736 und 1737 ihr in freier Nachahmung von Molieres „Femmes savantes" und besonders der gegen den schwärmerischen Jansenismus gerichteten Tendenzkomödie „La femme docteur" entstandenes Lustspiel: „Die Pietisterey im Fischbeinrocke; Oder die Doctormäßige Frau" in Rostock erscheinen lassen, welches, von ihrem nachmaligen Manne schon in sehr früher Zeit angeregt, als dramatische Satire in ganz Deutschland gewaltiges Aufsehen erregte[132]. Dieses Lustspiel ist aber auch das einzige von Bedeutung aus dem Gottschedischen Kreise, welches aus den dreißiger Jahren im Drucke vorliegt, und kann hier kaum in Betracht kommen, da es beide Male „auf Kosten guter Freunde" gedruckt worden ist (Goedeke).

Als aber Gottsched sich Anfangs des neuen Decenniums nachdrücklich der Theorie des Lustspiels zuwandte, da fiel naturgemäß die Übertragung derselben in die Praxis seiner „geschickten Freundinn" zu. Seinen Grundsätzen folgt sie genau, bei Übersetzungen fremdsprachiger Werke wird die Handlung womöglich nach Deutschland verlegt, die fremdklingenden Personennamen werden in einheimische umgeändert und der Charakter der betreffenden Persönlichkeit wo-

---

[131] a. a. O., S. 524.
[132] Vgl. über dieses Stück: K. Th. Gaedertz, Das niederdeutsche Drama, S. 190, Anmerkung; und P. Schlenther a. a. O., S. 142 ff.

möglich schon bei der Namengebung angedeutet[133], worauf ich unten bei Gelegenheit kurz zurückkommen werde.

Das Erscheinen der Schaubühne bezeichnet in der Entwicklung des einheimischen Lustspiels einen entschiedenen Wendepunkt. Seit dieser Zeit etwa macht sich — im Gegensatz zu dem bisher so einseitig bevorzugten, aber durchaus konventionellen Trauerspiel — in der Komödie bald ein gewisser selbständiger und befreiender Zug geltend. Die Anregung dazu kam freilich wieder von außen, diesmal vom Norden — durch die Einführung Holbergs auf unserer Bühne. 1740 erschien im zweiten bezw. ersten Bande der Schaubühne Holbergs „Deutschfranzos" in einer Übersetzung von A. Detharding in Altona[134]. Und nun folgt in kurzer Zeit aus eben derselben Übersetzerfeder die große Reihe der Holbergschen Komödien, von denen der „Politische Kanngießer", gleichfalls in der Schaubühne erschienen, die bedeutendste und mit Recht bekannteste ist. So kommt die volkstümliche Komödie bei uns auf. Holberg ist Realist durch und durch, seine Charaktere sind lebenswahr und seine Stoffe greift er unmittelbar aus dem Leben, wo er sie auch findet. Freilich macht sich auch in den Stücken der Frau Gottsched ein derber Realismus in auffälliger Weise geltend, der aber oft mit einem vornehm-moralisierenden Ton verquickt erscheint. Auch ist dieser Realismus zumeist nicht in den Charakteren begründet wie bei dem dänischen Dichter, vielmehr scheint es mehr eine Neigung zum Vulgären an sich[135] zu sein, welche dieser gesellschaftlich so hoch stehenden Dame oft Worte in die Feder diktiert, die von einer Frau zu hören uns heute noch peinlich berühren. Alles in allem jedoch genommen ist Holberg und der Gottschedin die Anregung zu

[133] Vgl. darüber auch Creizenach a. a. O., S. 33; und P. Schlenther, S. 150 ff.

[134] Über Gottscheds Verhältnis zu Holberg s. P. Schlenther a. a. O., S. 135.

[135] Ebenda, S. 169.

danken, deren das Lustspiel bedurfte, um sich aus dem stagnierenden Zustand, in den es geraten schien, zu erheben. Wenden wir, nach diesem Ausblick auf den allgemeinen Stand der Dinge in Deutschland, nun unsere Augen wieder nach Hamburg im besonderen! Auch hier that Abhilfe not. Schon oben habe ich erwähnt, daß Gottscheds Einfluß hier immer mehr oder weniger ein beschränkter geblieben war. Ganz besonders scheint dies vom Lustspiel zu gelten [136], denn kaum hat die Neuber [137] am 15. Februar 1740 Hamburg verlassen, um dem Rufe der Kaiserin von Rußland zu folgen, so scheint der alte Schlendrian hier wieder einreißen zu wollen. Die Joseph Ferdinand Müllersche Truppe [138], welche vom 16. Juni bis zum November d. J. in dem verlassenen Opernhaus am Gänsemarkt und einer Bretterbude auf dem Neumarkt spielt, giebt ausschließlich Harlekinaden, weshalb Schütze diesen Müller einen „Afterprincipal der niedrigsten Klasse" nennt, und der uns heute nur noch durch seinen bekannten Streit mit Neubers um das sächsische Privilegium interessant ist. [139] Es ist erstaunlich zu sehen, mit welchen Ungereimtheiten und Abgeschmacktheiten der leicht wieder verrohende Geschmack zu befriedigen und wie wenig entwickelt die Vorstellung von einem höheren Lustspiel in Hamburg noch im Jahre 1740 war, daß ich es mir nicht versagen kann, die Titel der erhaltenen Komödienzettel dieser Truppe [140] hier wieder abdrucken zu lassen. Gespielt wurde 1740 am:

---

[136] Hier ist natürlich zwischen dem Einfluß Gottscheds auf die litterarischen Vertreter und Wortführer Hamburgs in dieser Zeit und seiner Macht über das Publikum streng zu unterscheiden. Das letztere, der große Haufe stand damals und noch lange Zeit nachher überall auf der Seite des Schlendrians und söhnte sich nur sehr langsam und widerstrebend mit der Verdrängung der Harlekinaden aus.
[137] Vgl. über ihr Lustspielrepertoire: P. Schlenther, S. 137.
[138] Schütze, S. 63 u. 64.
[139] v. Reden-Esbeck, S. 118 ff.
[140] Nicht minder bezeichnend ist der Zettel einer von Joh. Georg Stoll (der zur selben Zeit in der Fuhlentwiete spielte) am 28. Juni 1740 angekündigten

Ein Repertoir.

23. Juni. Der arme Niemand, mit Arlequin, Einem luftigen Präfenten-Befteller, unglücklichen Brief-Träger, und Helden über alle Töpfe und Schüffel.
20. Juli. Der ftumme Arlequin.
21. Juli. Das tumme Mädgen, Mit Arlequin Einen üblen Auffeher über das Frauenzimmer.
22. Juli. Der betrogene Pantalon Mit Arlequin u. f. w. (In fämtlichen Stücken spielt Harlekin die alte Rolle des Dieners!)
27. Juli. Arlequin der luftige Testator.
28. Juli. Der wider feinen Willen zum Prinzen gemachte Arlequin.
29. Juli. Der betrogene Pantalon mit Harlekin Verkleidungen.
23. Aug. Der dumme Arlequin (Dienerrolle!)
24. Aug. Der Scheinheilige Betrüger (Arlequin, ein Diener des Tartüffe!).
1. Septbr. Der zum Fürften gemachte Arlequin (Arlequin der Hof-Gärtner!).
2. Septbr. Der betrogene Betrüger Mit Arlequin (Diener!)
5. Septbr. Der verftellte Mohr mit Arlequin als .... (werden die Verkleidungen des Harlekin aufgezählt!).
16. Septbr. Der Goldmachende Midas mit Arlequin (der in ein Bauermädchen Olivetta verliebt ift!).

Erft mit Johann Friedrich Schönemann kehrten beffere, für die Hebung des Luftfpiels nicht unwichtige Tage wieder. Diefer, ein Hannoveraner, hatte von 1730 bis zum 15. Januar 1740 als Akteur unter den Fahnen der Neuberin gedient und errichtete nun in diefem Jahre als Nachfolger derfelben, wie ich fchon erwähnte, eine eigene Schaufpielergefellfchaft und bittet Gottfched, ihn — da ihm nur die gedruckten Dramen zugänglich waren — mit regel-

---

Vorftellung: Der geftürzte und in einen Käfig eingefchloffene Bajazet, und der Tyrannifche Tartar-Cham Tamerlan (f. auch E. Meutzel, Beilage VI, S. 450: 28. Jun. 1741), wo es u. a. heißt: „In diefer Aktion wird ein Frauenzimmer zu jedermanns Contentement den Arlequin vorftellen." Die Stollfchen Zettel kündigen fämtlich, bis auf einen, Harlekinaden mit Ausftattung, Gefang (Arien) und Ballet an.

mäßigen Stücken zu unterstützen[141]. Nachdem er zunächst in der Ostermesse 1741 in Leipzig gespielt hat, wendet er sich in der Mitte des Jahres mit seiner Truppe nach Hamburg und tritt hier am 7. Juni 1741 im alten Opernhause am Gänsemarkt zuerst auf.

Hier war man unterdessen nicht unthätig gewesen. Um diese Zeit taucht in Hamburg ein Lustspiel auf, welches noch heute einen ganz besonderen Platz in der heimischen Litteraturgeschichte beanspruchen darf. Es ist „Der Bookesbeutel", der mit der alten Harlekinade als solcher bricht und neue Bahnen einzuschlagen versucht.

„Der Bookesbeutel" ist der erste bedeutsame Vertreter des Lokalstückes, für welches man allerdings schon früh in Hamburg angefangen hatte, den Boden zu bereiten. Das eigenartige Leben des niedersächsischen Gemeinwesens bot eine Fülle von köstlichen komischen Motiven dar, die Stoffe lagen gleichsam in der Luft; auch waren durch den vielgelesenen[142] „Patrioten" seit 1724 eine Reihe Lokaltypen, scharf und eckig ausgeprägt, in die Litteratur eingeführt worden, welche, weil sie aus dem Leben genommen, nur auf die Bühne verpflanzt zu werden brauchten, um des Erfolges sicher zu sein. Der Mann, der dieselben zuerst mit vielem Humor für das Lokalstück verwandte, war eben der Verfasser des „Bookesbeutel", Heinrich Borkenstein.[143]

Über das Leben dieses eigenartigen Mannes ist wenig bekannt. Meusel und Adelung kennen seinen Namen nicht einmal. Die dürftigen Notizen, welche das Hamb. Schriftstellerlexikon[144] darüber bringt, habe ich durchgehends in den Quellen bestätigt gefunden. Ein Landsmann und Zeitgenosse Behrmanns, hat er diesen um ein Beträchtliches überlebt. Wahrscheinlich als Sohn des Kaufmanns

---

[141] Vgl. den bei Danzel, Gottsched u. s. w. S. 158 abgedruckten Brief desselben.
[142] Jacoby a. a. O., S. 34.
[143] 1705 — 1777.
[144] I, S. 347.

Julius Borkenstein am 21. Oktober 1705 zu Hamburg geboren, verlor er schon mit neun Jahren den Vater, dem er in seinem Berufe folgte. Den Verfasser des „Bookesbeutel" bezeichnen die Quellen einstimmig 1741 als Buchhalter (Bookholler). Gestorben ist er im dreiundsiebenzigsten Lebensjahre in Hamburg, am 29. Novbr. 1777. Dieses wenige steht mit Sicherheit über seinen einfachen Lebenslauf fest. Schröder nimmt an, daß er „später" — also jedenfalls erst nach 1741 — ein eigenes Geschäft gegründet und den Titel eines „kön. dän. Commerzienraths" erhalten habe [145]. —

Mendelssohn rügt einmal — im 312. Litteraturbrief — die Lustspielverhältnisse seiner Zeit und sagt: „Ich weiß nicht, ob wir Deutschen noch nicht reif genug zum (edlen) Komischen sind. Unsere Charactere" — im Gegensatz zu den Franzosen und Engländern — „sind der Komödie zu ruhig, zu kaltvernünftig, unsere Lebensart zu einförmig und standesmäßig, unser Umgang zu steif, und unsere gewöhnlichen Gespräche zu leer und witzlos. Wir sind mehr langweilig als lächerlich. Der ganz niedrige Stand hat auch unter uns seine burleske Seite, und wenn sich unsere Schriftsteller mit diesem Pöbel abgeben wollten, so könnten sie so original werden, wie Holberg unter den Dänen." Wenn es nun noch kurz vor dem Erscheinen der „Minna von Barnhelm" also um das deutsche Lustspiel stand, so muß man es Borkenstein um so höher anrechnen, wenn er schon zwanzig Jahre früher auf seine Weise den Versuch machte, mittelst jener „niederen Komik" seinen Mitbürgern ein Spiegelbild der Gegenwart dramatisch vor die Augen zu rücken, wobei es in erster Linie nicht darauf ankam, künstlerisch, sondern durch Behandlung derbkomischer Konflikte und Charaktere in strenger

---

[145] Diese Vermutung Schröders ist wahrscheinlich irrig. Hinrich Borkenstein, offenbar ein Sohn des Buchhalters Heinrich B., war k. dän. Kommerzienrat und seit dem 16. Mai 1768 mit Susanna Brugier vermählt. Seine Tochter, also die Enkelin des Buchhalters, heiratete 1786 den Frankfurter Bankier Gontard; sie ist die „Diotima" Fr. Hölderlins.

Kunstform erziehlich zu wirken und überhaupt dem Volke den Sinn für eine neue, bessere Komik zu erschließen. Sogar Schmid [116], der im übrigen den „Bookesbeutel" als „eine Lokalfarce, eine rohe Kopie roher hamburgischer Sitten" charakterisiert, hat die Bedeutung dieses Stückes doch insofern erkannt, als er sagt: „Nachdem noch immer Verkleidungen, Zaubereyen und Prügeleyen den Originalwitz deutscher Komiker ausgemacht hatten, gaben Versuche, wie der Bocksbeutel, und noch mehr, wie die Pracht zu Landheim (ein von J. E. Schlegel 1742 verfertigtes Lustspielfragment) etwas tröstlichere Hoffnung."

Auch er also datiert vom „Bookesbeutel", über dessen Bedeutung Gervinus nach seinem einseitig-abfälligen Urteil, das Stück käme mit Holbergs Lustspielen und der „Hausfranzösin" den extemporierten Possen am nächsten, sich jedenfalls nicht klar war, eine neue Ära. In der That handelt es sich hier auch um etwas ganz anderes und wirklich neues!

Zunächst ein paar Bemerkungen über den Titel! Bookes= beutel, niedersächsisch Books-Büdel, ist ein speciell hamburgisches Wort und etwa gleichbedeutend mit Schlendrian d. h. mit den in Gesellschaftskreisen für „gut befundenen und festgestelleten, obgleich nimmer schriftlich recessirten Gewohnheiten und Gebräuchen." Zu Borkensteins Zeit war diese Bedeutung in Hamburg allgemein be- kannt. Doch kommt der Name in der Bedeutung des Schlendrian schon hundert Jahre früher vor in zwei Hamburger Hochzeits- gedichten, von denen das eine nach Lappenberg zu den ältesten datierten niederdeutschen unter den hamburgischen gehört.[147] Im „Patrioten"[148]

---

[146] Chronologie, S. 107.
[147] Der bescherzte bocksbeutel, aus J. P. v. Memel Nro. 587. Ist ein Gedicht auf J. Christ. Meurer dr und Syndici in Hamburg und Margarethe des V. Müller dr und Syndici tochter hochzeit 1640 aug. 10 von Paul Beuteler (Lappenberg, Lauerembergs Scherzgedichte in der Bibliothek des litterar. Vereins in Stuttgart. LVIII. Stuttgart, 1861. S. 205, Anm.). Jak. Grimm hat das Gedicht, indem er sich namentlich auf die darin enthaltene plattdeutsche Stelle beruft, bekanntlich Lauremberg selbst geschrieben (Germ. II, S. 302).

aus dem Jahre 1725 findet sich eine humoristische Auslegung des für Auswärtige unverständlichen Begriffes. Ein Fremder — es ist wohl ein Obersachse darunter zu denken —, welcher meint, der Booksbeutel sei ein hamburgisches Gesetzbuch etwa in der Art des Schwaben- oder Sachsenspiegels, wird von einem Hamburger an die „Süderseite der St. Peterskirche" geführt und sieht „an selbiger Wand, nicht weit von der Thür, ein gehauenes Bild einer heiligen und andächtigen Frau, die in der linken Hand ein Buch in einem Beutel trägt."[148] „Da sehen Sie", heißt es weiter, „eine Mode, die noch kaum vor 50 Jahren erst gänzlich bey unserem Frauenzimmer in Abgang gekommen, daß sie nämlich ihre Andachts-Bücher, welche gemeiniglich gar sauber gezieret gewesen, in einem Beutelförmigen Überzug zur Kirche tragen." Nachdem aber die specielle Mode, das Kirchenbuch in einem an der Hüfte mit Ketten befestigten Beutel zu tragen, verschwunden war, blieb der Begriff lebendig und nahm eine allgemeinere metonymische Bedeutung an, eben die des Schlendrian. Alle althergebrachten, nicht mehr zeitgemäßen und deshalb verderblichen oder lächerlichen Gewohnheiten wurden mit ihm bezeichnet. So richteten sich z. B. „Frauenzimmer im Range nach dem Booksbeutel," worüber uns ein „Complimenten der Hamb. Weiber nach

Ein Neudruck der Ausgabe von 1645 ist bei F. Teubner in Köln erschienen. — Köst Boocksbüdel, || Vom niewen upgelegt, verbetert, vermehret und publiceret || by || Dem Hochtidtliken Ehrendage || Des WolEhrwürdigen . . . || Heren || Lucas Langermann || Beider Rechten Licentiaten un Domhern des Ho-hen Dohm-Stiftes in Hamburg || Breutigambs || Und || . . . Junfer || Cillie Rumps, . . . Hern N. Rumps seel . . . . Dochter . . 22 Junii 1656. — Hamburg, Godruckt bey Jacob Rebenlein, 1656. 2 bogen in folio (Lappenberg, S. 208).

[148] Vgl. Hbg. Patriot Nr. 79 (5. Julii 1725).

[149] Beim großen Brande von 1842, der auch die Petrikirche in Asche legte, vernichtet. „Ist doch das alte Wahrzeichen Hamburgs, der weltbekannte Bocksbeutel (eine weibliche Figur an der Petrikirche mit einem Gesangbuch im Beutel, plattdeutsch „Booksbüdel" d. h. Buchbeutel) in den Flammen aufgegangen!" Allgem. Ztg. für 1842 (Stuttg., Cotta. 1843), S. 1286.

dem Books-Beutel" überschriebener Artikel des „Patrioten"[150] unterrichtet, wo es u. a. heißt: „Wegen des Ranges im sitzen entstund bey der übrigen Gesellschaft zwischen zwo Frauens-Personen, ein höflicher Streit, weil beide auf einen Tag geheirathet hatten, welcher von ihnen, nach der Gewohnheit, der Vorsitz gebührete. Endlich that die Frau Boocks-Büdels, eine alte Matrone, den Ausspruch" u. s. w. Durch die satirische Bezeichnung „eine alte Matrone" soll wohl angedeutet werden, daß ein so alberner Schlendrian durch Alter ehrwürdig geworden war. Ähnlich spricht sich auch Adam Gottfried Uhlich in dem Vorbericht zu der von ihm gelieferten Fortsetzung des „Bookesbeutel" aus. Er sagt dort: „Im Niedersächsischen und vornehmlich in Hamburg war ehedem der Gebrauch, daß wenn die Weibspersonen zur Kirche gingen, sie ihr Buch, das in einem Beutel stack und an einer Kette festgemacht war, am Arme hängen hatten. Da sie nun gemeiniglich auf den Kirchwegen gern stehen blieben und mit einander von vielerley und oft läppischen Dingen schwatzten, die meistens ihre alte Gewohnheit betrafen, über welche sie steif hielten[151], so nannte man nach diesem alles, was wir etwann Schlendrian nennen, den Boockesbeutel, von Boock (Buch) und Beutel."[152]

[150] Vgl. Hbg. Patriot 1724 (V, 46), XXXIII, 315.
[151] Vgl. auch das bei K. Th. Gaedertz a. a. O., S. 122 abgedruckte Lied nebst Anmerkung.
[152] Grimm, Wbch. 1860. II, S. 206: Bocksbeutel, m. scrotum capri. Stieler 141, dann wohl auch der Name einer parasitischen Pflanze, Epidendron oder Orchis:
An unsern Eichen hängt
Bocksbeutel aufgehangen. Claudius 1,49;
Gewöhnlich aber für Schlendrian, schwerfälligen Gebrauch, der einem anhängt, genommen: Der Bocksbeutel zu N. ist nichts anders als der Frauen ratio status. Denn Gottes Wort erfordert, daß sie sollen der Männer Gehülfin sein, daß sie sollen helfen arbeiten, die Haushaltung führen, und den Männern unterthan sein. Allein es ist ihnen oftmals nicht gelegen, drumb bringt ihr Bocksbeutel, ihre ratio status etwas anders auf die Bahn. Schuppius 8; Meine collegae

Es war vielleicht nur natürlich, daß in dem kosmopolitischen, aber in Sitten und Gebräuchen trotzdem konservativen Hamburg, wo man von jeher sich so streng und skeptisch gegen alles neue abschloß, sich derartige Mißstände und Modethorheiten fest einwurzelten und besonders scharf ausprägten, aber es hat auch niemals an einsichtigen Männern gefehlt, welche schon früh gegen den lächerlichen Bocksbeutel zu Felde zogen. In der in Hamburg von Hamann 1728—1730 herausgegebenen „Matrone" [153] findet sich schon ein Aufsatz unter dem Titel „Boocks-Büdol ist ein Tyrann", welcher mit den Worten anhebt: „Das gesellschaftliche Leben der Menschen ist einem unbeschreiblichen Tyrannen unterworfen. Er mag nun entweder der Schlendrian, oder der Boocks-Beutel, oder die Mode, oder die Gewohnheit, heissen; genung, daß dieser Tyranne über uns herrschet, und daß sich ihm die Vernunfft und der Wohlstand nicht selten vergeblich zu widersetzen pflegen."

rufen nnd schreien, gedenk des Sabbaths, daß du ihn heiligest. Und ich sorg, ich werde mich auch einmal daran zu Tode rufen und Hamburg wird doch bei ihrem Schlentrian, bei ihrem Bocksbeutel bleiben. 214; Jene Pflanzschulen des Bocksbeutels. Hamann 1,35. (Auch Goethe 60,33 gebraucht das Wort für Schlendrian.) Diese Erklärung ergänzt Jak. Grimm in der Germ. II, S. 301, wo es von dem bescherzten Bocksbeutel heißt: „Das ist ein Beutel, da man vor alters die Bücher eingestakt, wenn man zur Kirche gangen, was im Deutschen Wörterbuch 2,206 nachzuholen ist. Auch in dem niederdeutschen Gedicht „de verdorvene werlt un ere nie maneeren" (Cass. ausg. s. 100) singt Lauremberg:
Dat golden kleenod disser stad, de bocks buel is to nicht,
Da is nu hier keen minsch nich mer, de sik na sülken richt,
womit nicht sowohl der Beutel fürs Gesangbuch als ein altbürgerlicher Brauch gemeint wird, unter der Stadt aber Hamburg, denn die Schlußzeile lautet:
Hamborg, nu du de suek aflegst, werd di de sueke rören?" —
Auch J. Fr. Schütze erklärt Bocksbeutel in seinem „Holst. Idiotikon" (Hbg. 1800, H. £. Villaume) I. S. 126 u. 127 mit Buchbeutel und metonymisch mit Schlendrian; er macht auch hier beiläufig auf Borkensteins Stück aufmerksam.
[153] Vgl. Die Matrone. 1728, S. 49.

Aus diesen wenigen Belegen schon geht klar hervor, daß das Wort ein rein hamburgisches ist[154] und Borkenstein die erste Anregung zu seinem Stück in den Wochenblättern, namentlich im „Patrioten", in reichem Maße fand. Es bedurfte nur des scharfen durchdringenden Blickes, alle die einzelnen Thorheiten, welche er jeden Tag um sich her sah, aufzugreifen und festzuhalten, dieselben zu einem lebensvollen Ganzen zusammenzufassen und das gesammelte Material mit der Lauge der Satire und des Spottes zu durchdringen. Sehen wir zu, wie Borkenstein das gethan hat!

Die Hauptfigur, ein auf Pfänder leihender, wuchernder und geiziger Geldprotz „Herr Grobian", seine ihm ähnliche, in unzähligen Vorurteilen und altmodischen Familienbräuchen befangene Frau „Agneta", und ihre ungebildete und schlecht erzogene Tochter „Susanna", welche vor und nach Mittag mit Mutter und Mägden „neue weltliche Lieder" singt, mit Kutscher und Mägden Hahnrei in der Karte um einen Kuß spielt und Branntwein trinkt, sind die Vertreter des Bocksbeutels. Diese kontrastieren mit den anderen Charakteren des Stückes aufs schärffte, mit Grobians Schwager „Gutherz", mit dem trefflichen Sohne Grobians, „Sittenreich", mit dem Freunde desselben, „Ehrenwert", der als Vertreter der feinen Lebensart der Obersachsen aus Leipzig zugereist kommt, um seines Freundes Schwester Susanna zu heiraten, mit der Schwester desselben, „Caroline", welche mit ihm von Leipzig herreiste, und mit der armen, aber wohlerzogenen „Charlotte" aus Hamburg. So entspringen aus dem Gegensatz zwischen den groben Niedersachsen und der feinen Lebensart der Obersachsen auf ungezwungene Weise eine Reihe von köstlichen komischen Motiven und Situationen. „Die Moral", urteilt Schütze[155], „welche aus der Heirath, die

---

[154] Das Wort existiert heute noch, doch nicht mehr in dem althamb. Sinne. Die bauchigen Flaschen, in welchen der beste Steinwein verschickt wird, heißen bekanntlich „Bocksbeutel" (Grimm, Wbch.).

[155] Schütze a. a. O., S. 260 ff.

der fremde mit des Hauses Tochter beabsichtigte, dem man zu essen giebt, und, weil er reich ist, anzuködern sucht, der aber die bessere Charlotte der schlechteren Susanne vorzieht: die daraus hervorspringende Moral ist einleuchtend und treffend." Schütze tadelt dagegen die Charaktere als „übertrieben", obgleich er zugeben muß, daß „Charaktere wie diese damals (das quid nimis abgerechnet) keine Seltenheiten gewesen" sein möchten, bezeichnet die Schimpfnamen und Zoten, von denen besonders Grobian überfließt, als „unleidlich" und bemerkt, daß von „Ökonomie und Scenenverbindung kein Gedanke" sei.

Im großen und ganzen darf dieses Urteil zutreffend genannt werden. Die Aktschlüsse sind meist matt und kraftlos; man hat beim Lesen das Gefühl, daß die dramatische Komik, welche man in dem Stück in reichem Maße antrifft, nicht dem vorbedachten künstlerischen Scenenaufbau entspringt, sondern jener unverwüstlichen, rücksichtslosen Satire, welche kühn genug ist, die erkannten Schäden der damaligen Gesellschaft kraß und unbarmherzig bloßzulegen und zu verspotten, mittelst jener „niederen Komik", welche Mendelssohn so verurteilt. Hier nun ist der Einfluß Holbergs am wenigsten zu verkennen. Die Komödien dieses seinerseits wieder von Moliere stark beeinflußten Dichters waren seit den zwanziger Jahren in Dänemark bekannt, und der Gedanke, daß der Hamburger Buchhalter dieselben im Original studiert habe, liegt um so näher, als in dem benachbarten Altona gerade zu jener Zeit ein Mann anfängt, die Aufmerksamkeit der deutschen Bühne durch treffliche Übersetzungen auf jenen nordischen Poeten zu lenken. Holbergs „Deutschfranzos" war schon 1740 im zweiten Bande der Deutschen Schaubühne erschienen in Dethardingscher Übersetzung, und 1741 brachte der folgende Band den „Bramabas."[156] Zudem dürfte ein persönlicher Verkehr- und Gedankenaustausch über die Komik Holbergs zwischen Detharding in Altona und Borkenstein in Hamburg keines-

---

[156] Vgl. hierüber den bei Danzel a. a. O., S. 144 abgedruckten Brief Dethardings an Gottsched.

wegs ausgeschlossen sein. Wahl des Stoffes, Anlage der Charaktere und Scenenführung weisen auf das nordische Vorbild hin; er holt seine Menschen aus den Mittelständen und kritisiert die bürgerliche Gesellschaft, freilich nicht ihrem inneren Wesen nach, sondern nur in ihren äußeren Erscheinungen und ihren Auswüchsen. Auch Holberg stützt wie Borkenstein seine Komik auf Charaktere und Situationen, welche er im Bürger- und Bauernstand findet. Was endlich die „Schimpfnamen und Zoten", welche Schütze so nachdrücklich tadelt, anlangt, so muß man zu Borkensteins Entschuldigung einmal sich erinnern, daß auch bei Holberg starke, gleichfalls aus der Anlage der Charaktere fließende Grobheiten und Anzüglichkeiten sich finden, an denen der verfeinerte Geschmack einer späteren Zeit sich stoßen mußte, und andererseits bedenken, daß die Harlekinaden, welche mindestens bis 1740, wie wir sahen, einen bestimmenden Einfluß auf den theatralischen Geschmack der Bevölkerung haben, nichts weniger als anständig waren. Das Publikum war daran gewöhnt und mußte erst ganz allmählich lernen, im Lustspiel Freuden edlerer Art zu suchen und zu finden. So ist es auch nicht zu verwundern, daß Schönemann jene Stelle, über deren Nichtbeseitigung Schütze so entsetzt ist, nicht strich, sondern ohne Bedenken mit aufführte, und daß Borkenstein selbst, als er 1747 eine neue Ausgabe[157] veranstaltete, dieselbe — trotzdem diese Fassung Kürzungen und einzelne Abweichungen aufweist — ruhig wieder mit abdrucken ließ. Sie findet sich hier auf S. 89.

Das Lustspiel, als welches der Verfasser sein Stück bezeichnet, ist zu wiederholten Malen aufgelegt, aber heute äußerst selten[158].

---

[157] Der Bookesbeutel. Ein Lustspiel von dreyen Handlungen. Nach dem Originale, wie es auf der Schönemannischen Schaubühne zuerst aufgeführt worden. Hamburg 1747. 95 Seiten. 8.

[158] Ein von Paul Schlenther in seinem vortrefflichen Buche über die „Frau Gottsched" (S. 221) 1886 angekündigter Neudruck des „Bookesbeutel" ist bisher leider nicht erschienen.

Goedecke giebt nur die erste Ausgabe an, welche 1742 zu Frankfurt und Leipzig herauskam und auch von Gaedertz a. a. O. und Koberstein[159] erwähnt wird. Ich kenne außerdem noch die bereits erwähnte Hamburger Auflage von 1747 und eine andere, auch vom Hamb. Schriftstellerlexikon und Gaedertz verzeichnete, welche ebenda ein Jahr früher erschienen war unter dem Titel: „Der Bookesbeutel. Ein Lustspiel in drey Aufzügen. Hamburg bey Johann Adolph Martini. 1746." Derselbe Martini gab schon 1748 das Stück aufs neue[160] mit mehreren anderen in einem „ziemlich diken Octavband von Schauspielen" heraus. Doch ist das beliebte Stück zweifelsohne außerdem noch in Nachdrucken vervielfältigt worden.

Schon allein aus dieser knappen Auflagenstatistik dürfte man schließen, daß das populäre Lokalstück eine große Reihe von Aufführungen erlebt haben muß. In den verschiedenen Jahren, in denen es auf der Bühne erschien, lassen sich achtundachtzig Vorstellungen desselben nachweisen. Schönemann kündigt es auf dem Zettel als „ein ganz neues hier in Hamburg verfertigtes Deutsches Schauspiel: Der Booksbeutel" an und spielt es zuerst am 16. August 1741 im alten Opernhause auf dem Gänsemarkt. Den Beschluß machte „nach einem ganz neuen sehenswürdigen Harlekinstanze, das sehr lustige Nachspiel: Das holländische Waschhaus." Es wurde sechszehnmal „bei immer vollem Hause" innerhalb eines Vierteljahres wiedergegeben[161]. (In Hamburg erhaltene Komödienzettel: 22. August; 21. September; 1., 8. und 21. November; 7. December 1741. Aus späteren Jahren: 20. April; 1. und 12. May; 5. Juli 1747; 3. August 1750; 20. und 24. Setpember 1751. Im neuen Theater beim Dragonerstall: 23. August 1753; 14. und 21. August, 5. September.,

---

[159] Koberstein V, 375, 12.
[160] Goett. Ztg. v. gel. Sach. 1748, S. 703.
[161] Vgl. den bei Gaedertz a. a. O., S. 182 abgedruckten Lüneburger Komödienzettel; Chronologie, S. 97; Schütze a. a. O., S. 260 ff. und Löwen, Schriften. 4. Theil, S. 35.

22. Oktober 1754; 30. Juli 1756.) Am meisten hat „Der Bookesbeutel" naturgemäß in den vierziger Jahren gefallen, wo er als ständiges Repertoir- und Kassenstück immer wieder erscheint. Deshalb ist es um so auffallender und heute nicht mehr erklärlich, weshalb die Schröder, welche von April bis November 1742 mit sieben Vorstellungen eine Einnahme von 92 Rthlr. erzielt, es 1743 und 1744 nicht wiederholt hat.[162] Unter Schönemanns Direktion (1747) floriert das Stück durch „Eckhofs und Schönemanns trefliches Spiel", ja sogar 1756 „zog der Bookesbeutel noch immer" (Schütze). Auch Koch, Schuch und Ackermann gaben den „Bookesbeutel", der schon am 2. April 1742 auf einem Schröderschen Zettel mit dem Zusatz „das bekannte Lustspiel" erscheint, gewiß nicht nur „wegen des Interesses des Stücks für Hamburg", „mit Erfolg für ihre Kasse"[163], womit auch die Äußerung Löwens[164], „daß dieses Stück, welches die lächerlichen Gewohnheiten verschiedener Hamburgischer Einwohner auf eine comische Weise vorstellt, so vielen Beifall fand, und noch jetzt in Hamburg nicht ganz mit Widerwillen gesehen wird", übereinstimmt.[165] Der „Grobian" war noch eine der besseren Hauptrollen Ackermanns, die „Susanne" eine Glanzrolle seiner Frau, als diese mit ihrer Gesellschaft Ende August 1764 nach Hamburg kamen. Schütze läßt die Frage, ob das Stück noch in dem neuen, von Ackermann am 31. Juli 1765 eröffneten Schauspielhaus am Gänsemarkt gegeben worden ist, unbeantwortet, doch erscheint es am 22. Novbr. noch einmal unter dem Titel „Der Grobian."

---

[162] Vgl. außer den diesbezüglichen Theaterzetteln in Hamburg auch: F. L. W. Meyer, Schröder II, 2. Abthl., S. 40 ff.

[163] Schmid, Chronologie, S. 107 und Schütze, Hbg. Theatergeschichte, S. 260 ff.

[164] Löwen, Schriften. 4. Theil, S. 35.

[165] Doch haben sich von Kochs Vorstellungen des „Bookesbeutel" in Hamburg Komödienzettel aus der Zeit v. 1755—1763 nicht erhalten.

Übrigens ist es auch anderswo gern gesehen worden.[166] In
Breslau, wo nach einem Briefe Uhlichs an Gottsched von 1744
sonst allerdings das Trauerspiel am meisten besucht wird, und zumal
in Berlin, wo Schönemanns Truppe 1748 und 1749 spielt, findet
neben den Gellertschen und Krügerschen Stücken unter den Originalen
besonders der „merkwürdige" Bookesbeutel, ungeachtet der namentlich
auf Hamburg darin enthaltenen Satire, „ungemeinen Beifall."[167]
1755 (26. Februar und 14. März) wird das Hamburger Lokalstück
von der Ackermannschen Truppe in Halle gespielt. Im Jahre
1764 noch wird „Der Bookesbeutel" in Lüneburg von Johann Ludwig
Meyer, einem sonst unbekannteren Prinzipal, gespielt und mit den
Worten angekündigt: „Da es nicht unmöglich ist, auch in andern
Städten Leute zu finden, welche ihre Kinder schlecht erzihen; so hoffet
man, die Sittenlehre dieses Stücks werde auch hier den Beifall erhalten, den es sich an allen Orten, wo es vorgestellet worden ist (!),
mit so vielem Rechte erworben hat."[168] Dieser Zettel trägt die
Bemerkung: „In diesem Stücke werden drei Rollen in plattdeutscher
Sprache gespielt." Obgleich nun die sämtlichen bekannten Drucke
in hochdeutscher Sprache vorliegen und auch die Hamburger Komödien=
zettel bis auf einen aus späterer Zeit[169] eine derartige bedeutsame
Bemerkung wie der Lüneburger nicht aufweisen, so erscheint doch
Gaedertz' Hinweis, man könne sich die Personen schlechterdings
nicht anders als platt oder missigst redend denken, durchaus zutreffend,
zumal wir von Schröder wissen, daß der „Rentenierer Grobian"
eine der Hauptrollen Konrad Ekhofs war, den er nach dem Urteile
dieses Gewährsmannes „sehr gemein" darzustellen pflegte. Man

---

[166] Plümicke, Berl. Theatergesch., 1781, S. 198 u. Lessing s. Schr. 13,143.
[167] Plümicke a. a. O.
[168] K. Th. Gaedertz, S. 181—183.
[169] Kuniger gab nämlich das Stück in Hamburg am „Montag, den 24.
Jenner, 1757" und ließ auf dem Zettel bemerken: „Drey Rollen werden in
Niedersächsischer Sprache gehalten."

war in Hamburg, wo zu jener Zeit das Platt noch die Sprache der Gebildeten und Vornehmen, zum mindesten der Geschäftskreise war, daran gewöhnt, dieses Idiom und das ihm so nah verwandte Holländische auch von der Bühne herab zu hören. Gerade eben jetzt, 1740 und 1741, hatten wiederum zwei bedeutsame Holländische Schauspielertruppen mit nachhaltigstem Beifall in der Fuhlentwiete gespielt; genau zwei Monate später, nachdem sie ihre Vorstellungen abgebrochen haben, erscheint „Der Bookesbeutel" und findet ein dem Lokalstück äußerst geneigtes Publikum. Zum Lokalstück gehört aber auch der Lokaldialekt, und plattdeutsche Lokalstücke werden noch heute in Hamburg in besonderer Weise gepflegt. Für ein richtiges Verständnis der Erfolge des Borkensteinschen Stückes ist die Wirksamkeit der Holländer jedenfalls nicht gering anzuschlagen, über deren interessantes Repertoir ich demnächst an anderer Stelle meine Studien zu veröffentlichen hoffe.

„Der Bookesbeutel" also, dessen Text zweifellos ursprünglich hochdeutsch vom Verfasser niedergeschrieben wurde, wird also in Hamburger Platt zur Darstellung gebracht[170] und damit einerseits die groteske Komik desselben verstärkt und andererseits das Lascive und Anstößige des Lokalstücks erheblich gemildert. Einmal durchgedrungen setzt sich das Platt[171] des Volksstücks schnell mehr und mehr in der Gunst der Bevölkerung fest.

---

[170] Auch in den Hbg. Schulkomödien wurde ja z. T. plattdeutsch geredet. Aus Hbgs. Verg., S. 237—248.

[171] Sofort nach dem Erscheinen der Dethardingschen Verdeutschung wird der „Politische Kannegießer" Holbergs ins Platt übersetzt (De politische Kannengehter uut Holbergs dänischen Schuu-Platz bii Winter Aavends-Tiid äversett in sine eegene Fruu-Mooder Spraak. Hamburg und Leipzig, 1743. 8.) und das Ganze in ein eigenartig hamburgisches Kolorit getaucht. Als Schönemann 1747 und später den von Krüger übersetzten „Bauer mit der Erbschaft" giebt, bemerkt er ausdrücklich auf dem Zettel, daß vier Rollen darin in niedersächsischer Sprache gespielt würden — ein sprechender Beweis dafür, wie beliebt das Platt auf der Bühne geworden war! Den ursprünglich hochdeutsch verfaßten „Herzog Michel" giebt Ekhof aus eigenem Antrieb auf Plattdeutsch, wie denn überhaupt gerade Ekhof in allen diesen Stücken mit der plattdeutschen Mundart die größten Erfolge errang, worüber Gaedertz a. a. O. eingehender gehandelt hat.

Borkenstein aber hat mit diesem ersten Lokalstück die Bühne reinigen wollen. Das geht klar aus dem zwar nicht von ihm selbst geschriebenen, aber von ihm beeinflußten „Vorbericht" hervor, welcher dem Drucke von 1746 beigefügt ist, dagegen in dem von 1747 fehlt. Vor allem will er die „Zoten und Unflätereyen des Harlekins, die Betriegereyen und Ränke Scapins" verbannt und dafür „die Wahrheit" eingesetzt wissen. Gottsched wird lobend erwähnt, denn auch Borkenstein teilt mit jenem die Überzeugung: „Ein Lustspiel soll eine lebendige Vorstellung der lächerlichen Handlungen seyn, welche der Dichter mit den eigentlichen Worten derer Leute ausdrückt, die er lächerlich machen will"[172]. Das sittliche Gepräge der Personen des „Bookesbeutel" ist, wie die Gottschedische Schule es liebte, schon in der sinnbildlichen Namenbildung angedeutet. Betont wird ferner, daß das Stück, welches „den Beyfall derer, welche die Vernunft und den guten Geschmack lieben, erhalten" habe, „ordentlich und regelmäßig" eingerichtet sei — eine Behauptung, die von jener Notiz unter dem Personenverzeichnis bestätigt wird, in der es heißt: „Der Schauplatz ist in Hamburg in des Herrn Grobians Hause, fängt vor Tische an und währet bis gegen Abend." Sind somit die Regeln und das Schema Gottscheds, sowie auch die von diesem so gebieterisch für das Lustspiel geforderte Prosa gewahrt und hat auch die Tendenz mit der Gottschedischen Richtung etwas Verwandtes, so ist doch der derbkomische, übermütige Humor, der das Ganze durchweht, dem trockenen Wesen des Leipziger Gelehrten durchaus fremd. Schon erwähnt habe ich, daß Borkenstein mancherlei Anregung sicherlich dem Lesen des „Hamb. Patrioten" zu danken hat. Ganz abgesehen davon, daß diese Wochenschrift früh anfing, im allgemeinen für die Veredelung des litterarischen Geschmacks[173]

---

[172] Crit. Beytr. (Lpz., 1740), S. 467 ff.
[173] Schon 1724 schreibt der Patriot (Acht und dreißigstes Stück, S. 370): „An stat daß sie" — die Komödianten nämlich — „ihre Zuschauer anführen sollten, rechtschaffene verständige Leute zu seyn, befleißigen sie sich, Pickelheringe aus ihnen zu machen."

und für die Sittenverbesserung der Mitbürger in die Schranken zu treten, zeigt sich sein Einfluß auf Borkensteins Denkweise in einem Punkte besonders stark, nämlich da, wo dieser auf die verkehrte Erziehung der Tochter Grobians, Susanna, und damit auf die Kinderzucht im allgemeinen — dieses beliebte und viel ventilierte Thema der Hamburger und besonders des genannten hamburgischen Blattes — zu sprechen kommt. Gutherz, der Schwager Grobians, ist es, der auf Agnetas Vorwurf, wenn er in ihr Haus komme, so sei immer genug über sie zu klagen, die bezeichnenden Worte, ganz im Sinne des Patrioten, spricht: „Ich habe dann und wann von der schlechten Kinderzucht gesprochen, dazu hat mich mein Gewissen verbunden: Denn hiervon entstehet alles Böse, was in der Welt ist" (Zweeter Aufzug, fünfter Auftritt.)[174]

Fand nun „Der Bookesbeutel" in Hamburg und anderen niedersächsischen Orten allgemeinen Beyfall, so erregte er doch auch schon verhältnismäßig früh d. h. in der Zeit, wo er nicht mehr oder nur selten noch im Repertoir erschien, Anstoß und Bedenken. Das Hann. Magazin[175] nennt ihn zwar „eine sonderbare ziemlich drollige Farce", wirft ihm aber mit Löwen[176], der es „allerdings ein deutsches Charakterstück" heißt, vor, daß es doch den „wichtigen Fehler hat, daß es keine Charaktere schildert, die der ganzen deutschen Nation, sondern nur einer einzigen Stadt in Niedersachsen, und in dieser berühmten Stadt nur wenigen unpolierten Familien anpassend sind." Das Hann. Mag. weist übrigens schon zwischen den Zeilen auf die Verwandschaft Borkensteins mit Holberg hin. Besonders wird das Lustspiel von den obersächsischen Dramaturgen[177] verurteilt und zurückgewiesen, welche dem lokalen Charakterstück allerdings auch kaum das richtige Verständnis entgegen-

---

[174] Vgl. auch Jacoby a. a. O., S. 15 u. 16.
[175] 1768, S. 372.
[176] Schriften, 4. Theil, S. 35.
[177] Schütze a. a. O., S. 260 ff.

bringen konnten. Besonders wird die Buchausgabe — es ist der Martinische Sammelband von 1748 gemeint, in welchem auch Mylius' „Aerzte" erschienen waren — entrüstet zurückgewiesen. Nachdem die „Goettg. Ztg. v. gel. Sachen"[178] die Charaktere des „Bookesbeutel" als „durchgehends übertrieben" und als Zerrbilder getadelt haben, fahren sie fort: „Wann man bloß für Comedianten schreibt, kan man sich einigermaßen mit dem groben Geschmack des Pöbels entschuldigen, der freilich häßliche Larven, Charactere, und saftige Scherze ebenso angenehm findet, als der feinste Kenner die meisterlichen Züge des Careless husband oder des Philosophe marié. Aber was man druckt, und also einer höhern Classe von Richtern überliefert, das sollten billig die Verfasser, wenn es auch nur aus Ehrerbietung für den Leser geschähe, von groben Ausdrücken und häßlichen Gedanken vorher reinigen. Es ist eine Verachtung gegen die deutsche Kenner, wenn man ihnen Speisen vorträgt, vor denen den andern gesitteten Völkern schon fast seit hundert Jahren ekelt."

— Ein eigenes Urteil Gottscheds über den „Bookesbeutel" ist mir leider nicht bekannt geworden. Von persönlichen Beziehungen zu ihm scheint auch Borkenstein sich ferngehalten zu haben. Schütze endlich hat das Eigenartige und Ungewöhnliche in dem Stücke recht wohl erkannt, und es ist ihm voller Ernst, wenn er sagt: „Wer weiß ob dieser alte Bookesbeutel, versteht sich mit schicklichen Veränderungen nicht in unsern Tagen noch und verdienter Glück machen würde, als manches fade Lustspiel der neuern deutschen Bühne."

Heute ist das Stück bis auf den Namen vergessen, vom künstlerischen Standpunkt aus gewiß mit Recht, denn Reiferes und Besseres ist in Fülle an seine Stelle getreten. Für den Litteraturforscher und den Kulturhistoriker aber bleibt „Der Bookesbeutel" eine der merkwürdigsten und anziehendsten Erscheinungen, welche nachhaltiger auf den Entwicklungsgang der deutschen Bühne eingewirkt haben. —

---
[178] 1748, S. 703.

Das Stück hat noch eine kurze Fortsetzung gehabt. Am Schluß des „Bookesbeutel" wird darauf hingedeutet, daß Susanna nun, da die Verbindung mit Ehrenwert sich zerschlagen, wahrscheinlich ihren Vetter „Rothbart" heiraten würde [179]. Als unter der Schröderschen Leitung „Der Bookesbeutel" am 2. April 1742 zum ersten Mal gegeben wird, verkündet der Zettel ferner: „Hierauf folget das neuverfertigte Nachspiel ‚Rothbarts Verlöbniß'." Dieselben Personen [180], begegnen uns hier wieder und den Vetter Rothbart lernen wir nun persönlich kennen. Obgleich die Schröder in demselben Jahr den „Bookesbeutel" noch s e c h s m a l wiederholt, hat sie dieses Nachspiel nicht wieder gegeben — es scheint also keinen Beifall gefunden zu haben. Daraus darf auch vielleicht gefolgert werden, daß Borkenstein der Verfasser wohl n i c h t war. Einen Druck dieses Nachspiels weiß ich nicht nachzuweisen. —

Hat sich vom „Bookesbeutel" wenigstens noch der Titel in einzelne wenige Sonderdarstellungen gerettet, so ist ein anderes, ebenfalls stark von Holberg beeinflußtes Stück Borkensteins gänzlich verschollen. Ja, schon die Zeitgenossen nehmen keine Notiz davon, was wohl hauptsächlich darauf zurückzuführen ist, daß es niemals gedruckt, sondern wohl immer Manuskript geblieben ist; ich wenigstens

---

[179] Dieses Offenlassen der Frage am Schluß eines Stückes, ob eine Heirat noch zu stande komme oder nicht, ist ganz im Sinne Gottscheds, dem es unleidlich war, „wenn sich alle Stücke mit dem Heyrathen endigen." „Ist denn weiter nichts in der Welt, als das Hochzeitmachen, was einen fröhlichen Ausgang geben kann?" Vgl. hierüber: P. Schlenther a. a. O., S. 213.

[180] Personen:
Hr. Grobian.
Fr. Agneta.
Jfr. Susanna.
Hr. Rothbart.
Fr. Cornelia, Rothbarts Mutter.
Christopher, Grobians gewesener Kutscher.
Ilsabe, eine Kuplerin.
Ein Jude.

habe es nirgendwo angezeigt gefunden. Es heißt: „Der Misch-Masch." So problematisch es auch sein mag, auf den Inhalt eines Bühnenstückes, von welchem man nichts weiter als den Theaterzettel kennt, zu schließen, so verlockend ist es grade bei Borkenstein dies zu versuchen. Auch in diesem zweiten Stück hat er den Holberg in der grotesken Komik der Charaktere und Situationen gewiß nachgeahmt; von Gottsched holte er sich wieder das äußerliche Rüstzeug der formen und Regeln; dem Patrioten endlich ist wiederum zweifelsohne die Anregung zu danken, welche er ihm in erster Linie zu der Idee gegeben hat; in zweiter Linie kommen die „Vernünftigen Tadlerinnen" in Betracht.

Auch in Niedersachsen, nicht zum wenigsten in Hamburg, war die Sprachvermischung stark im Schwange. Schon Johann Lauremberg[181] wettert in seinem dritten Scherzgedicht „Van Almodischer Sprake und Titeln" gegen das Eindringen fremdsprachlicher Bestandteile ins Deutsche; er sagt:

„Men mine Moderspraeck ick billig moet beklagen.
Dat gode olde Dŭdsch so liden dul nu geit,
Dat de eine Dŭdsche den andern nicht versteit.
Wen ein Landsman tho mi Dŭdsch to spreken begŭnt,
So moet ick fragen: „wat segge gy gode Frŭnd?
Ick kan juwe Mening nicht erweten,
Gy reden als wen juw de Tunge wehr besmeten."

Die Vornehmen zumal liebten es, ihre Rede mit französischen Flickwörtern zu durchsetzen. Ein solches Beginnen wurde in Hamburg Mischmasch genannt, doch verpersönlicht sich dieser Begriff bald und der Sprecher selbst erhält den Spottnamen „Mischmasch." Gegen dieses Unwesen, dem in unseren Tagen wiederum nachdrücklich die Spitze geboten wird, treten besonders zwei Blätter, der „Patriot" und „Die vernünftigen Tadlerinnen" frühzeitig und mit Nachdruck auf. Der Patriot zumal will „den Geschmack in der Sprache und Schreib-Ahrt" heben. Lebendig schildert er das Unwesen, das mehr

---

[181] Braune, Lauremberg. Hallenser Neudrucke Nr. 16 u. 17, S. 41, V. 150—156.

und mehr um sich greift: „Ein Teutscher muß itzund französisch, Lateinisch und Italiänisch verstehen, um ein Buch in seiner Mutter-Sprache lesen zu können. Ich habe mich aber auf alle Weise bestrebt, durch eine sorgfältige Reinlichkeit und edle Simplicität in der Beredsamkeit diesen verwehnten Geschmack zu bessern, dem bisherigen gelehrten Mischmasch entgegen, der eine Pest unserer Sprache ist und durch viele bunte Flecken in unsern Büchern sich schon längst geäußert hat."[182] Die „Vernünftigen Tadlerinnen"[183] ferner, von denen erst kürzlich, 1738, in Hamburg eine neue Auflage erschienen war, führen uns in einem recht satirisch gehaltenen Zwiegespräch einen mit dem Namen „Herr Mischmasch" belegten Sprachmischer leibhaftig vor. Derselbe hat an den Erzähler einen „recht nach dem Geschmack des Hofes eingerichteten" Brief geschrieben, welcher lautet:

> „Monsieur.
> Sie haben die bonté und finden sich à cinq heure après midi in mein logis, auf eine Tasse Caffée, ein und eine partie à l'hombre. Assurement sie erzeigen mich eine singuliere a-mitiée dadurch" u. s. w.

Bezeichnend ist ferner auch der in demselben Blatte[184] abgedruckte Paragraph 10 der Statuten der „Gesellschaft der deutschen Musen", welcher lautet: „Keine unter uns ist befugt, einer Mannsperson freundlich zu begegnen, die in ihren Höflichkeiten ein Sprachengemenge macht, oder in anderen Gesprächen viele fremde undeutsche Wörter einmischet."

Auf solche Ausführungen stoßen wir in der hamburgischen Presse jener Tage gar häufig. Der Kampf gegen die „läppische Sprachmengerey" war im damaligen Hamburg allgemein, und Gottscheds Forderung, ein geschickter Deutscher müsse seine Gedanken

---

[182] Prof. Dr. K. Jacoby a. a. O., S. 3.
[183] 1748, Th. I, St. XXI, S. 179. — Über einen personifizierten „Mischmasch" vgl. auch „Aus Hamburgs Vergangenheit" S. 237.
[184] St. II, S. 18.

mit reinen Wörtern seiner eigenen Sprache andern bekannt machen können[185], war auch hier in Niedersachsen schon früh ausgesprochen worden. Täglich begegnete man dem Begriff des Mischmasch in den Blättern. Der Gedanke, diesen Mißbrauch der Sprache in der Art des „Bookesbeutel" in einem satirischen Lustspiel zu verhöhnen, lag also wiederum gewissermaßen in der Luft. Denn daß dieses uns heute verlorene Lustspiel das gethan hat, geht, abgesehen von dem sehr bezeichnenden Titel, aus den Namen der Personen des Stückes zur Genüge hervor, in welchem ein „Herr Sprachrohr" die Hauptrolle inne hatte. Bei den meisten Namen ist auch hier die Gottschedische Gepflogenheit, von vornherein schon im Namen die Eigenart der Person anzudeuten, beibehalten worden. Das Stück, welches ohne Zweifel ebenso wie der „Bookesbeutel" ein ortseigentümliches Gepräge getragen haben wird, jedoch nicht wie dieser auf ein ausschließlich hamburgisches Publikum berechnet gewesen sein dürfte, hat, nach den wenigen Aufführungen, die es erlebte, zu urteilen, bei weitem nicht den Beifall gefunden, wie das Erstlingswerk Borkensteins. Schröders Mutter gab den „Misch-Masch" zum ersten Mal am 28. November 1742 im Opernhause auf dem Gänsemarkt, jedoch — der damaligen Sitte gemäß — ohne auf dem Zettel den Verfasser zu nennen, und erzielt mit der Vorstellung 30 Rthlr. Am 5. und 7. December desselben Jahres wiederholt sie dieselbe; beide Vorstellungen tragen ihr 45 Rthlr. ein. Der letztere Zettel vom 7. Decbr. 1742 nun trägt die Bemerkung: „Das von dem Verfasser des Booksbeutels hier in Hamburg neuverfertigte Stück, genannt: Der Misch-Masch" — ohne welche wir heute gar nicht wissen würden, daß Borkenstein der Verfasser dieses verschollenen Lokalstücks sei[186]. Die am 28. Januar des nächsten Jahres wieder-

---

[185] Alton. gel. Ztg. 1746. S. 604.
[186] Des Personenverzeichnisses wegen lasse ich hier den Zettel der ersten Aufführung abdrucken:
Mit Hoher Obrigkeitlicher Bewilligung | wird heute | zum Erstenmahl |

holte Vorstellung bringt der Schröder 11 Rthlr. ein und ist die letzte, welche in Hamburg stattgehabt hat. Außerhalb Hamburgs dürfte das Stück kaum gegeben sein.

F. L. W. Meyer in seinem „Schröder"[187] ist wohl der einzige, der in dem Verzeichnis der Vorstellungen, die Schröders Mutter in Hamburg veranstaltete, wenigstens den Titel des Stückes erwähnt. Die zeitgenössischen Quellen dagegen berücksichtigen den „Misch-Masch" gar nicht. So ist es geschehen, daß er früh vergessen wurde. Borkenstein, der noch Goethes erstes Auftreten („Clavigo" und „Götz": 1774; „Stella": 1776) erlebt hat, teilt mit seinem 21 Jahre früher verstorbenen Landsmann Behrmann das Schicksal, seinen Ruhm überlebt zu haben. Über seinen Tod wird in den Blättern mit Stillschweigen hinweggegangen; und das im Jahre 1819 bei Joh. Friedr. Gleditsch in Leipzig erschienene „Alphab. Verzeichniß der Romane und Schauspiele, welche in Deutschland und in den

---

auf der | Schroederschen | Deutschen Schaubühne | ein hier in Hamburg ver- fertigtes ' Lustspiel ! vorgestellet werden ! genannt: ˙ Der Misch-Masch. ¦ Personen: |
Herr Sprachrohr, Vormund des Treuenliebs.
Frau Adelheit, seine Frau.
Jungfer Bella, seine Tochter.
Herr Treulieb, Bräutigam der Dorothea.
Herr Windmantel, des Treuliebs Nachbar.
Herr Gehaft, sein Sohn.
Jungfer Dorothea, seine Tochter.
Curtius, des Sprachrohrs Diener.
Cathrine, des Sprachrohrs Magd.
Pulverrauch, ein Corporal.
Sybilla, eine Kupplerin.
Den Beschluß macht ein Nachspiel in Versen, | genannt: | Die Weiber-List. | Der Anfang ist mit den Schlag halb 5 Uhr, in dem sogenannten Opernhause. Die Person giebt | auf dem ersten Rang Logen 1 Marck 8 Schill, Parterre 1 Marck, auf dem andern Rang Logen 12 | Schilling und Gallerie oder auf dem letzten Platze 6 Schilling. | Mittwochs, den 28. November 1742.

[187] F. L. W. Meyer: „Friedrich Ludwig Schröder" (Hamburg, 1819) II, 46. — Ganz neuerdings hat B. Litzmann auf das Stück vorübergehend auf- merksam gemacht (Schröder, S. 32).

durch Sprache und Literatur damit verwandten Ländern von 1700 bis Ende 1815 gedruckt erschienen sind", kennt bereits die beiden Stücke Borkensteins nicht mehr.

Von dem folgenreichen Einfluß Borkensteins auf seine Zeitgenossen aber unterrichten uns am schlagendsten die vielen Fortsetzungen und Nachahmungen, welche „Der Bockesbeutel" hervorrief. In Hamburg erschien 1746: „Der Bocksbeutel auf dem Lande, oder der adelige Knicker" (32 Auftritte in Prosa)[188] und in der „Ersten Sammlung neuer Lustspiele" zu Danzig und Leipzig ebenfalls 1746: „Der Schlendrian oder des berühmten Bocksbeutels Tod und Testament"[189], von welchen namentlich das letztere hier eine nähere Berücksichtigung verdient. Es stammt von Adam Gottfried Uhlich (1718—1753)[190], welcher zur Zeit der ersten Aufführung des Borkensteinschen Lokalstücks Schauspieler bei der Schönemannschen Gesellschaft in Hamburg ist und sich, abgesehen von seiner Marivaux-Übersetzung und der Herausgabe der schon erwähnten „Poet. Zeitungen" und „Poet. Gedanken", besonders durch seine gern gesehenen Gottschedischen Schäferspiele nnd durch den Versuch, in diese für den farblosen Schäfer realistischere Bauerngestalten einzuführen[191], womit er freilich von der Kritik einmütig abgewiesen wurde, einen Namen in dem zeitgenössischen Schrifttum erworben hat.

Was nun seinen Versuch anlangt, den „Bockesbeutel" in einem Lustspiel[192] fortzusetzen, so kann dasselbe keinen Anspruch auf

---

[188] S. Gottsched, Nöth. Vorrath 2, 272.
[189] Ebenda.
[190] Vgl. über ihn: Goedeke V, § 200, 70; Hbg. Schriftstellerlex. VII, 451; Chronologie, S. 78 ff., 86, 103, 104, 109, 116, 120, 125, 126, 135, 168; Schütze, S. 232, 257, 265, 267; Reichard XIV, 55; Löwen, Schriften. 4. Theil, 34; Zeitschrift des Vereins für Hamb. Geschichte II, Heft 3 (Septbr. 1846), 491—493; Hamburgische Blätter (7. Juni 1834), Nr. 23; Danzel, Gottsched, S. 160, 162, 163 und 169.
[191] Vgl. die Vorrede zum Nachspiel: „Der faule Bauer" (Hamburg und Leipzig, 1745).
[192] Der Schlendrian, | oder | des berühmten | Bockesbeutels | Tod und

Selbständigkeit machen. Auch Uhlichs „Boocksbeutel, der von seinen Renten lebt" vereinigt in sich alle jene Fehler, die wir an der Borkensteinschen Karrikatur bemerkten. „Es ist wahr", sagt er einmal, „ich lebe nach der alten Welt, und kehre mich nicht an die Gebräuche der neuern; was mein Vater und mein Großvater für gut gehalten haben, das ist auch mir recht." Er ist somit der Hauptvertreter des Schlendrians, ebenso wie Grobian, und wie dieser abergläubisch und geizig: Er leiht nicht unter acht bis neun Procent Gelder aus und würde gern noch mehr nehmen, wenn keine Strafe darauf stände. Damit das Geld hübsch zusammen bliebe, sollten nach seiner Meinung „die hiesigen Kinder so wenig außer der Stadt, als außer der Freundschaft" heiraten. Ein Verse machender und mit allen Leuten Lateinisch schwatzender Magister „Boocksbeutelius", der sich um Boocksbeutels' Tochter „Amalia" bewirbt, sucht „Anne, das Mädgen im Hause" zu verführen, indem er ihr verspricht, daß sie bei seiner künftigen Frau Amme werden solle. Ebenso abergläubisch und geizig wie „Boocksbeutel" selbst ist seine Frau „Alrune", die außerdem das Branntweintrinken liebt und den Mann zu hintergehen sich nicht scheut. Mit ihm aber beklagt sie, daß die Schlachtfeste [193] nicht mehr wie sonst gefeiert würden, daß die Verlöbnisse

---

Testament, | ein Lustspiel | von | drey Aufzügen. (Aus d. Bibliothek d. Herrn Prof. Litzmann-Jena.)

[193] Uhlich war schon früher über die Schlachtfeste hergezogen. Auf dem letzten Blatt seiner „Poet. Neuigkeiten" von 1748 findet sich ein „nicht wenig unziemliches Gedicht" — wie es der Verfasser des Artikels „Die poet. Zeitungen zu Hamburg" im Verein für Hamb. Gesch. II, S. 492 nennt —, betitelt das Ochsenfest, welches also anhebt:

In H . ., wo der Schlentrian
Den Vorzug für den Wohlstand heget,
Bet't man die todten Ochsen an,
Die man schön auszuschmücken pfleget. —

Über die althamb. Sitte der Schlachtfeste vgl. außer K. Th. Gaedertz a. a. O., S. 144, Anm. die bei Koppmann „Aus Hamburgs Vergangenheit" (Hbg. u. Lpz., Voß. 1885) S. 130, 2 angegebene Litteratur.

und Bräutigamsabende abkämen und die Hochzeiten selbst nun ganz anders aussähen: „Sonst war es eine Freude zu schlachten, denn es war dabey das Wohlseyn der Familie mit dem todten Ochsen oder Büffel verbunden, und dabey wacker auf das Wohl der ganzen Stadt getrunken." Sie ist überzeugt, daß ihr, weil sie im vergangenen Herbst „niemand von der Familie zum Ochsenbesuche" gebeten habe, ihr mehr als sechzehn große Würste über dem Feuer zersprungen seien, „die kleinen nicht mitgerechnet." Ihre Tochter „Amalia" hingegen vertritt hier den Standpunkt Ehrenwerts bei Borkenstein. Sie hat bei einem Vetter in Obersachsen ihre Ausbildung genossen und kehrt nun im zweiten Akt zu ihren Eltern nach Hamburg zurück. Zum Entsetzen dieser trägt sie einen neumodischen „Fischbeinrock"; auch hat sie in der Fremde tanzen, singen, zeichnen, fremde Sprachen und „alles zur galanten Lebensart Gehörige" gelernt. Selbstverständlich soll sie ihren Verwandten, den Magister Boockesbeutelius heiraten, doch will sie, wie sie andeutet, später den Sohn ihres Nachbarn „Vernunftlieb" nehmen, ganz analog dem Verhältnis Ehrenwerts und Susannas bei Borkenstein, nur mit dem Unterschied, daß die Charaktereigenschaften vertauscht sind. Das sind die Vorgänge in den zwei ersten Akten. Im dritten Akt endlich wird mit einiger Komik auf das allbekannte Lustspiel Borkensteins angespielt; „Boockesbeutel" ist überzeugt, daß der Verfasser ihn und seine Familie habe „durchziehen" wollen und, weil er ein wenig grob sei, habe er ihn „Grobian" getauft. Aus dieser Wendung geht hervor, daß sich sehr viele von Borkensteins Stück getroffen fühlten! Uhlichs „Boockesbeutel" nun ist vor Wut darüber, daß sein Name „an allen Ecken recht groß gedruckt angeschlagen gewesen", vier Wochen bettlägerig gewesen und noch krank. Durch seinen recht unvermittelten Tod wird die stockende Handlung wieder in Gang gebracht. Denn nun wird die vielleicht damals viel belachte Stelle seines Testaments verlesen, welche dem Stück den Namen gegeben hat.

Er vermacht:

„Demjenigen, der dem, welcher die Comoedie auf mich
gemacht, ein paar derbe Ohrfeigen giebt .... 10 Thlr.
Dem, der ihn braun und blau prügelt .... 20 Thlr.
Dem, der ihm den Staubbesen zuwege bringt ... 100 Thlr.
Für den Staubbesen .... 5 Mark 4 Schill.
Dem Meisterknechte, daß er brav zuhauet, Trinkgeld 4 Mark" u. f. w.

Das ist Uhlichsche Komik! Mit der Verlesung dieses Testamentes schließt das Stück, in dessen „Vorbericht" der Verfasser sagt, daß ihn der „große Beifall" des „Bookesbeutel" ermuntert habe, „gleichsam eine Folge davon zu machen und darinnen einige Stücke zu berühren", die er im ersten nicht gefunden. Mit dem Anspruch auf Neuheit aber darf sein Werk, wie bereits erwähnt, am wenigsten auftreten. Schon aus der kurzen Analyse desselben erhellt, daß Uhlich es kaum vermocht hat, dem von Borkenstein auch schon recht gründlich erschöpften Bookesbeutel eine neue komische Seite abzugewinnen. Fast alle Charaktere, ja oft ganze Situationen des Originals kehren wieder; wirken sie aber dort trotz ihrer oft plumpen Grobheit originell und satirisch, so erscheinen sie hier in der Nachahmung absurd und erst recht verletzend. Doch macht sich bei Uhlich eine gewisse plastische Schärfe in der Zeichnung dieser Karrikaturen bemerkbar, indem er die Träger der Handlung in Situationen zu bringen weiß, welche, von ihnen selbst geschaffen, geeignet sind, auf die Charaktereigentümlichkeiten der Person ein grelles Licht zurückfallen zu lassen. Der Dialog aber ist durchgängig fade und konventionell, und ein rüder, frivoler Ton, der selbst in den Auftritten zwischen Mutter und Tochter ohne Bedenken angeschlagen wird, durchweht auch dieses Stück besonders stark von Anfang bis zu Ende. — Uhlich hat das gleichfalls in ungebundener Rede geschriebene Stück voraussichtlich gleich unter dem frischen Eindruck, den er von der Aufführung des Originals gewann, in Hamburg verfaßt, denn in dem Vorbericht entschuldigt er sich bei Gottsched, zu dem er in vertraulichen persönlichen Beziehungen stand, wegen der Einteilung seines Stückes in drei Akte. Fünf seien gewiß besser, aber da das Lustspiel schon „vor ein paar Jahren", als er der theatralischen Regeln noch nicht so kundig gewesen, entstanden sei, so habe er jetzt nicht mehr daran ändern wollen. Er werde übrigens keine Dreiakter wieder machen, doch glaube er die dreifache Einheit auch hier genugsam bewahrt zu haben. Abgesehen davon, daß man diese „Folge" des „Bookesbeutel" kaum anders als frech und roh bezeichnen kann, ist auch dieses Stück für uns im gewissen Sinne heute wertvoll und interessant, weil es gleich dem Original eine reiche kulturhistorische Ausbeute für den Forscher zu liefern im stande ist. —

Von der „Menge von Fortsetzungen und Nachahmungen" des „Bookesbeutel", über welche Schmid in seiner Chronologie (S. 125) berichtet, mag das Uhlichsche Stück noch immerhin das bedeutendste gewesen sein. Der Einfluß aber, den Borkenstein mittelbar und in zweiter Linie auf die Theaterdichter ausübte, läßt sich noch eine große Reihe von Jahren hindurch verfolgen. Ein paar Stücke, welche hierher gehören, will ich noch kurz kennzeichnen.

Zweifellos angeregt durch den „Bookesbeutel", wenn auch diesen nicht grade nachahmend, sind zwei mit J. U. Königs „Die verkehrte Welt" in einem Sammelbande vereinigte Stücke aus dem nächsten Jahr 1747 (o. O.): „Der Ehestand, Ein Lustspiel" und „Der Frager oder die Thorheit der Liebe, Ein Lustspiel."[194]. Beide sind Einakter und in Prosa abgefaßt. Das erstere ist indessen kein Original, sondern geht in seinem Grundbestand auf ein später von den Holländern auch in Hamburg aufgeführtes „Nachspiel" gleichen Namens zurück. Der Verfasser der vorliegenden Ausgabe hat aber nicht nach diesem holländischen Original gearbeitet, sondern eine ältere Übersetzung benutzt, welche den Titel trägt: „Theatralische

---

[194] Exemplar aus d. Bibliothek d. Hrn. Prof. Litzmann-Jena.

Beschreibung des Ehestandes, Aus dem Nieder-Deutschen Ins Hoch-Deutsche versetzet, von C. F. Gedruckt im Jahre 1706."[195] Der Verfasser dieser ersten Übersetzung von 1706 spricht in der Vorrede mit großer Achtung von der Holländischen Nation im allgemeinen und rühmt besonders ihre Komödie. „Insonderheit aber", sagt er, „sind ihre Nieder-Teutsche Lust-Spiele sehr wohl zu lesen, als welche mit solcher Accuratesse verfertiget, daß man nichts vollkommeneres wünschen kan." Diese Hochachtung spricht sich auch in seiner Übersetzung aus, die mit peinlicher Sorgfalt und gewissenhafter Treue die holländische Urschrift wiederzugeben sucht. Das holländische Gepräge ist durchaus gewahrt; wir treffen die alten holländischen Namen an, und die Handlung des kleinen Stückes ist in Holland belassen und nicht nach Deutschland verlegt worden. Nur eine einzige Stelle macht von diesem Grundsatz eine auffallende Ausnahme, indem der Übersetzer im sechsten Auftritt für jedenfalls dem deutschen Leser ganz unbekannte holländische Flußnamen deutsche unterschiebt, nämlich die Elbe und Alster. Es heißt da: „Wer ein Spiel-Jagt hat, schätzet es vor eine sonderbahre Lust, wann er auff der Elbe oder Alster mit guten Freunden herum fahren kan, da es doch unterdessen viel Ungemach mit sich bringet. Denn er muß Sorge tragen für Bier und Wein" u. s. w. Scheint aus diesem merkwürdigen Beleg hervorzugehen, daß die Übersetzung von 1706 in Hamburg entstanden sei, so steht diese von dem zweiten Drucke aus dem Jahr 1747 mit vollster Sicherheit fest. Derselbe bietet eine freie Bearbeitung dieser älteren Übersetzung mit eigenartig hamburgischem Kolorit. Zu dieser lokalisierten Überarbeitung nun ist der unbekannte Verfasser in Hamburg zweifellos durch die Erfolge des Borkensteinschen Lokalstücks angeregt worden. Alles Fremdartige ist jetzt aus dem Lustspiel verschwunden. Der Kaufmann „Hieronimus", der in der Ausgabe von 1706 noch „Jeronymus"

---

[196] Ebendaher.

hieß, ist jetzt dem Grobian gar ähnlich geworden — er ist in Geldsachen ebenso unwirsch wie jener, was früher in diesem Umfange nicht der Fall war. Seine Gattin „Dieuvvortje" trägt jetzt einen guten deutschen Namen, „Margarethe", welche indessen auf dem Neuberschen Zettel vom 3. Decbr. 1739 als „Sara" erscheint[196].

Daß das Stück in seiner neuen Fassung aber hamburgische Verhältnisse wie der „Bookesbeutel" geißeln will, geht aus mancherlei Anspielungen deutlich hervor, welche sich namentlich in der zweiten Hälfte des durchaus undramatischen Werkes häufen. Jene Worte des „Jeronymus" im vierten Auftritt: „Es mag in dem ersten Jahr" — des Ehestandes nämlich — „so ein ziemliches Ansehen haben: denn, da gehet man herum die Freunde zu besuchen: der güldene Ochse wird umgeführet" u. s. w. werden nun auf das ja auch von Borkenstein und Uhlich verspottete hamburgische Schlachtfest umgemodelt und lauten (S. 66): „Im ersten Jahre besucht man die Freunde, da geht man aufs Ochsenbesehen und dergleichen" u. s. w. Eigenartig hamburgische Worte wie: „Schwefelstück" (in der Übersetzung von 1706: „Schwefelstecken"), „Kinderteck", „kriegen", „schnacken" u. a. m. kommen viel vor. Was aber diese Bearbeitung unzweifelhaft nach Hamburg weist, sind die im zwölften Auftritt (S. 89) mit Namen aufgeführten ländlichen Vergnügungsorte „Haarburg", das „Erdbeerenland" (die Vierlande!) und „Eppendorf",

---

[196] Namen der Personen nach dem Neuberschen Zettel (vgl. damit das holländische Personenverzeichnis vom 14. Juni 1740):

Hieronimus, der Vater } des Heinrichs und der Magdalenen.
Sara, die Mutter

Heinrich, der Elisabeth Liebster.
Magdalena, des Georgen Liebste.
George, in Magdalenen verliebt.
Elisabeth, Heinrichs Liebste.
Jobst, des Georgen Diener.
Ein Mäckler.
Magarethe, des Hieronimus Magd.

für welche die Fassung von 1706 noch die ursprünglichen „Braband" und „Gelderland" zeigt.

Erscheint also somit jeder Zweifel daran, daß die zweite Bearbeitung von 1747 in Hamburg entstanden ist, ausgeschlossen, so erhält meine Vermutung, daß auch die Übersetzung von 1706 nach Hamburg gehöre, dadurch eine Stütze, daß die Neuber[197] dieselbe am 3. December 1739 in Hamburg aufführt, wie wir gesehen haben, und der betrf. Zettel die Bemerkung trägt: „Dieses lustige Stück ist aus dem Holländischen hier in Hamburg übersetzet."[198] Ein wie bekanntes Stück „Der Ehestand" überhaupt war, geht auch daraus hervor, daß die holländische Truppe von 1741 das ursprüngliche Stück, das mit holländischen Personennamen versehene „berühmte Nachspiel: Den Huuwelyken Staat oder den Ehe-Stand" nicht weniger als viermal (an einem Tage vor dem 5. Januar, sodann am 5. und 12. d. M. und am 14. Juni) mit „viel Approbation"

---

[197] Außer diesem hatte die Neuber übrigens auch einzelne andere holländische Stücke den Hamburgern vorgeführt. Am 15. Aug. 1738 hatte sie ein kleines, von ihr am 18. u. 27. Aug., am 9. Septbr. 1738 und im nächsten Jahr noch zweimal wiederholtes Stück: „De Wanhébbelyke Liefde. Die unanständige und ungeräumte Liebe", und am 28. Mai 1739 „zum Erstenmahle: Der Vetter Caspar aus Kalikut" gegeben, welches so großen Beifall gefunden, daß sie sich „auf Verlangen" am 1. und 3. Juni zu einer Wiederholung desselben entschließt. Auch bei diesen beiden Stücken bemerkt der Zettel ausdrücklich, sie seien aus dem Holländischen übersetzt, woraus man wohl den Schluß ziehen darf, daß die holländischen Stücke in Hamburg besonders beliebt waren, doch hat die Neuber dieselben wohl kaum auf Platt, sondern in hochdeutscher Sprache gespielt. — Das erstere Stück giebt sie übrigens am 9. August u. 2. Oktbr. 1741 . auch in Leipzig (v. Reden-Esbeck a. a. O., S. 263 — 266). „Das holländische Waschhaus" (vgl. Heine, Velten. S. 28) war auch am 16. Juni 1740 von J. G. Stoll in Hamburg gegeben, u. Koch wiederholte „De Wanhébbelyke Liefde" noch am 27. Mai 1763 ebenda.

[198] „Den 8. (Wintermonat- Novbr. 1741 in Leipzig) ergötzte man sich an einem neuen lustigen deutschen Originalstücke, welches in Hamburg verfertiget worden, und der Ehestand hieß." (Neubersches Repertoir, wieder abgedruckt bei v. Reden-Esbeck a. a. O., S. 266.)

in Hamburg[199] giebt. Daß der Verfasser des in Frage stehenden Druckes 1747 eine Bezeichnung wie etwa: „Übersetzung aus dem Nieder-Teutschen" oder „aus dem Holländischen" auf dem Titelblatt wegließ, scheint überdies anzudeuten, daß er sich wohl bewußt war, er liefere hier etwas anderes als eine sklavische Übertragung: etwas Neues. Somit glaube ich, beide Arbeiten gehören nach Hamburg, die ältere ist eine treue, sich streng an das holländische Original anlehnende Übersetzung; die gedachte von 1747, auf welche es hier besonders ankommt, eine nach dieser entstandene freie, wahrscheinlich vom „Bookesbeutel" angeregte, jedenfalls von diesem beeinflußte, für Hamburg lokalisierte Bearbeitung. —

Das andere Lustspiel „Der Frager, oder die Thorheit der Liebe", welches, vielleicht infolge eines Druckfehlers, fälschlich unter dem Titel: „Der Freyer, oder die Thorheit der Liebe" im „Nöth. Vorrath" aufgeführt wird, ist zu farblos im Lokalkolorit gehalten, als daß sich ein bestimmter Entstehungsort mit Sicherheit ermitteln ließe. Einige untergeordnete Gründe scheinen es allerdings gleichfalls nach Hamburg zu weisen. Der Name „Herr Poltrian" dürfte wohl auf den „Grobian" im „Bookesbeutel" selbst zurückweisen, während sonst einige Stellen darauf hindeuten, daß dem anonymen Verfasser die Uhlichsche Fortsetzung, welche ein Jahr früher erschienen war, in guter Erinnerung war. So erzählt gleich im ersten Auftritt „Sophie, ein verschmitztes Mädgen" von einem gewissen Magister, „der von Kopf bis auf die Füße ein Narr war." „Er redte immer mit den Tagelöhnern Lateinisch, und hieng auf der Straße den Kopf, als ob er kein Wasser betrübte", sagt sie von ihm, aber trotzdem habe er sie mit unehrlicher Liebe zu be-

---

[199] Der Zettel vom 14. Juni 1741 giebt das Personenverzeichnis:

1 Jeronimus, ein alter Haus-Vater.
2 Dieuwertje, seine Frau.
3 Hendrik, ihr Sohn.
4 Magdaleena, ihre Tochter.
5 Eelhart, Liebhaber von Magdaleena.
6 Saartje Jans, Liebhaber von Hendrik.
7 Margriet, Magd von Jeronimus.
8 Joost, Diener von Eelhart, und darnach gekleidt als ein Quäcker.
9 Ein Mäckler.

thören versucht — alles dies stimmt Zug um Zug mit dem „Magister Boocksbeutelius" bei Uhlich überein.[200] Bei der Verheiratung seiner Tochter sieht „Herr Poltrian" eben so sehr und ausschließlich auf das Vermögen des Freiers wie Grobian bei Borkenstein und Uhlich, wie denn überhaupt der geizige Vater in der Lustspieldichtung dieser Jahre eine fast typische Figur wird, die oft wiederkehrt. Wenn es im letzten Auftritt endlich heißt, daß die Komödianten heute Abend um 5 Uhr „ein ganz neues Nachspiel: Der Frager" geben würden, in denen alle Personen, welche wir im Laufe dieses Stückes haben kennen lernen, auftreten, so erinnert auch dieser Zug stark an die Wendung in Uhlichs Fortsetzung, sein Herr Boocksbeutel sei vor Ärger krank geworden, weil er in der Komödie ein Stück gesehen, das ein Unverschämter auf ihn gemacht habe, und mit den Gedanken „Adelwehrts:" „Ich tröste mich mit dem Schicksale, das Könige und Fürsten haben, die ihre Namen offt auf den Comödienzetteln finden", sucht auch Herr Vernunftlieb als Nachbar den Boocksbeutel Uhlichs ganz ähnlich darüber zu trösten, daß sein Name „an allen Ecken recht groß gedruckt angeschlagen gewesen."

Beide Stücke reichen jedoch an die Komik ihrer Vorbilder in keiner Weise heran. Der undramatische Dialog ist noch kümmerlicher als bei Uhlich, und wenn in ihnen jener lascive Ton, der allerdings nicht gänzlich fehlt, doch nicht so stark wie bei Borkenstein und Uhlich sich findet, so liegt das nicht am Geschmack, sondern am Unvermögen des Verfassers, welches keine scharfausgeprägten Persönlichkeiten und komischen Situationen schaffen konnte, sondern alles in blassen unbestimmten Formen verschwimmen ließ. Goedeke führt die Titel beider Stücke nicht auf.

---

[200] Dieser Holbergsche Typus läßt sich also in direkter Linie verfolgen:
Holberg
|
Borkenstein
|
Uhlich
|
Anonym. Verf. des Fragers.

„Der Jungfernstieg."

In die große Klasse der Hamburger Lokalstücke gehört auch vielleicht ein kleines, vierzig Druckseiten in 8° starkes Lustspiel, welches eine Ehrenrettung der im vorigen Jahrhundert übelbeleumdeten Hauptpromenade Hamburgs versucht. Es betitelt sich: „Der Jungfernstieg, Ein Lustspiel von einem Aufzuge. Hamburg 1746" (Goedeke V, 200, 77). Dem mir vorliegenden Exemplar, welches ehemals der Büchersammlung Gottschebs angehörte und später Eigentum der großherzogl. Bibliothek zu Weimar wurde, ist ein „kurzer Vorbericht" vorausgeschickt, wo es u. a. heißt: „Der Verfasser hat darinnen blos zeigen wollen, daß es thöricht ist, wenn Eltern ihren Kindern einen erlaubten Spatziergang verwehren. Die Nebenumstände werden das Stück nicht unangenehm machen. Den Schauplatz auf den Jungfernstieg selbst zu bringen, war unmöglich; oder man hätte auch wider die Einheit des Ortes, die so wichtige Regel der theatralischen Dichtkunst sündigen müssen." Die Charaktere des Stückes sind die bekannten Typen der Lustspieldichtung jener Zeit. „Herr Fahrauf, ein Rentenirer" hat nicht nur wieder dem Namen nach große Ähnlichkeit mit Grobian und Poltrian. Er will „Amalie, seine Tochter" mit „Krückenfeld, einem vorgegebenen Officier", verheiraten, welche aber den „Edelherz" im Jungfernstiege kennen und lieben gelernt hat. „Hagestolz" und „Gurgeltief", die Freunde Fahraufs, sind nichts weiter als eine Personifikation der ihren Namen zu Grunde gelegten Begriffe. „Trinchen" ist das bekannte französische Kammerkätzchen Lisette und „Wilhelm, Edelherz Diener" hat die Rolle Harlekins inne, dem es auf ziemlich gewagte Anspielungen und kecke Späße nicht weiter ankommt. Im allgemeinen jedoch scheint der anonyme Verfasser durch eine vornehm thuende, gespreizte Sprache sein „Lustspiel" in eine höhere Sphäre als die des Lokalstücks hinaufheben zu wollen; so ist aus der derben, frisch zugreifenden Komik Borkensteins und Uhlichs ein plattes, langweiliges Machwerk geworden, dessen Verfasser auch die allerelementarste Bühnentechnik ein Buch mit sieben Siegeln geblieben ist. Soll z. B. eine

Person abtreten, so kündigt sie an, sie ginge jetzt fort, um das und das zu thun. „Es wird geklopft;" sagt Herr Fahrauf im achten Auftritt (S. 31), „das wird mein Herr Schwiegersohn (Krückenfeld) seyn. Lassen sie sich die Zeit nicht lang werden. Ich bin den Augenblick wieder bei ihnen." Das Schäfergedicht mit der ständigen Figur der „Doris" wird vorübergehend verspottet, und die beiden ersten Schlesischen Kriege geben in den ungeheuerlichen Erzählungen des kriegbegeisterten Fahrauf und des faden Schwindlers Krückenfeld dem Ganzen einen humoristisch gedachten, zeitgeschichtlichen Hintergrund. Aufführungen des Stückes sind mir nicht bekannt, aber wohl, zumal in Hamburg, mit Sicherheit anzunehmen. —

Hin und wieder taucht auch ein größeres Lokalstück auf, das sofort die Teilnahme der hamburgischen Theaterkreise auf sich zu lenken weiß. Noch 1757 führt Schönemann, der bekanntlich über seine Pferdeliebhaberei sein Theater vernachlässigt und in künstlerischer Ohnmacht schon wieder zum Extemporieren gegriffen hatte, ein solches auf, wodurch es ihm möglich wird, den Zusammenbruch seines Vermögens und seiner Gesellschaft noch eine kleine Weile aufzuhalten. Ein Hamburger Kaufmann, Menz[201], über den wir garnichts näheres wissen, hatte ein „Schauspiel mit Lokalsitten" geschrieben, welches bald nach Pfingsten 1757 unter dem Titel „Der Kaufmann ein Menschenfreund" achtmal mit Beifall aufgeführt wurde, und Schönemann „sehr viel Geld einbrachte." Schütze freilich nennt dieses Lokalstück ein „schales, kraftloses Ding", welches übrigens 1757 in 8⁰ zu Hamburg auch durch den Druck vervielfältigt wurde, von Goedeke aber nicht berücksichtigt wird.[202] Vielleicht oder wahrscheinlich sogar wird auch dieser späte Nachzügler Anklänge an den

---

[201] Vgl. über ihn die spärlichen Angaben bei Schütze, S. 298; Schmid, S. 191 und Schröder, Hbg. Schriftstellerlexikon.

[202] Die Stadtbibl. zu Hamburg und die Großherzogl. Bibl. zu Weimar besitzen diesen Druck leider nicht; ich habe dieses Stück überhaupt nicht auffinden können.

„Bookesbeutel" enthalten haben. Mit dem Auseinandergehen der Schönemannschen Truppe verschwindet auch dieses Stück und erscheint nicht wieder auf der Bühne.

Beilage I.

(Koncept.)

Serenissimi Declaratio vor dem Legations Rath von Stuven. d. 29ten Januar 1749.

Carl, u. f. w.

Geben hierdurch gnädigst zu Vernehmen, was gestalt wir den in Marggräffliche Brandenburgischen Diensten ehemals gewesenen Ghbten Legations Rath
  von Stuven, zu Unsern Legations Rath, in gnaden ernennet und angenommen haben;
Thun das auch, declariren und nehmen ihn davor hiemit auf und an, dergestalt und also, daß er von Männiglichen für Unsern Legations Rath geachtet und erkendt werden soll. Uhrkundlich Unserer eigenhändigen Unterschrift und f. w. Geben in Unser Stadt Braunschw. den 29ten Januar: 1749.

C[arl].

U. U. v. D[ölcker].

Beilage II.*)
(Original.)

Carl, Herzog u. f. w. Da Wir dem Legations Rath von Stüven gnädigst verstattet haben, sein künftiges Domicilium zu Neumünster im Holsteinschen zu nehmen, und daselbst seine Pension von Vierhundert Rttlr. jährlich zu verzehren; So habet ihr bey der Fürstl: Cámmer-Casse zu verfügen, daß ihm solche dahin zu gewöhnlichen Zeiten, und in Golde, verabfolget werde. Braunschweig den 2ten Februar: 1769.

CarlhzBul.

An
Unsern Geheimen Rath und Cammer-
Praesident von Völcker.

---

*) Beide Aktenstücke nach freundl. Mitteilung des Herrn v. Schmidt-Phiseldeck (Vorstand des Herzogl. Landeshauptarchivs zu Wolfenbüttel).

Es sei mir vergönnt, auch an dieser Stelle Herrn Prof. Dr. B. Litzmann in Jena, der mir durch Rat und hilfsbereites Entleihen von Werken seiner reichhaltigen Büchersammlung über manche Schwierigkeit bei Abfassung der vorstehenden Arbeit hinweggeholfen hat, meinen verbindlichsten Dank auszusprechen. Den Herren Beamten der Kgl. Bibliothek zu Berlin, der Stadtbibliothek zu Hamburg, der Universitätsbibliothek zu Jena, der Großherzogl. Bibliothek zu Weimar, der Kgl. öffentlichen Bibliothek zu Dresden, des Landeshauptarchivs zu Wolfenbüttel und des Kirchenarchivs zu Neumünster gebührt ein nicht minder aufrichtiger Dank!